LOTHAR BERTSCH

# Johann Friedrich Flattich

## Ein begnadeter Seelsorger und genialer Erzieher

Lothar Bertsch, Pfarrer i. R., geb. 1928 in Stuttgart, verheiratet, drei Kinder, Pfarrer der Evang. Landeskirche in Württemberg in Illingen (Enzkreis) und in Echterdingen; Mitarbeit im Martin-Luther-Bund und in der Pfarrer-Gebetsbruderschaft (PGB); Verfasser einer Biografie über Philipp Matthäus Hahn (1990).

*Meiner lieben Frau Lydia*
*und meinen Kindern*
*Irmtraud mit Andrew,*
*Marie-Luise mit Hans-Peter*
*und Lothar*

Die Deutsche Bibliothek – CIP-Einheitsaufnahme

**Bertsch, Lothar:**
Johann Friedrich Flattich : ein begnadeter Seelsorger und genialer Erzieher / Lothar Bertsch. – Neuhausen-Stuttgart : Hänssler, 1997
(hänssler-Biographie)
ISBN 3-7751-2752-6

hänssler-Biographie
Bestell-Nr. 392.752

Lektorale Gesamtbetreuung: Stephan Zehnle
Umschlaggestaltung: Stefanie Bunner
Titelbild: Schattenriss Flattichs

Satz: AbSatz Ewert-Mohr, Klein Nordende
Printed in Germany

# INHALT

# VORWORT

Der 200. Todestag des württembergischen Pfarrers und Pädagogen *Johann Friedrich Flattich* (1713–1797) bietet den Anlass und liefert den Anstoß dazu, Lebensweg und Lebenswerk dieser bedeutenden, bewusst christlich geprägten Persönlichkeit ausführlich darzustellen. Flattich wirkte nicht nur segensreich als Pfarrer. Er vereinigte in seiner Person weitere Begabungen und war nicht zuletzt ein genial begabter Erzieher, begnadeter Seelsorger und (verborgen gebliebener) pädagogischer Schriftsteller.

Denkt man an Flattich, so kommen einem zahlreiche Anekdoten in den Sinn, die landauf, landab von ihm erzählt worden sind und teilweise immer noch erzählt werden. Bei unserem Lebensbild sollen nicht nur die Geschichten nachgezeichnet werden, die sich um diesen Landpfarrer ranken und die ihn bisher vor der völligen Vergessenheit bewahrt haben. Ich möchte vor allem Flattichs erzieherisches Wirken und Handeln in Praxis und Schrifttum herausarbeiten. Diese grundlegenden Vorschläge zur Kinder- und Jugenderziehung, von ihm selbst erfolgreich praktiziert, hatte er noch vor dem Auftreten des berühmten Schweizer Pädagogen und Menschenfreundes Johann Heinrich Pestalozzi (1746–1827) zu Papier gebracht. Bei dem Reichtum an Wahrheiten und Weisheiten, der hier zutage gefördert werden kann, ist trotz seines sprachlichen und sachlichen Gewandes aus dem 18. Jahrhundert erstaunlich viel zu entdecken, das aktuell ist und bleibt und durchaus bedenkenswert erscheint. Dabei darf eine kürzlich geäußerte Bewertung der Pädagogik Flattichs als »hausbacken« durchaus positiv im Sinne einer gesunden, unverfälschten und unverzichtbaren »Naturkost« ohne künstliche Beimengungen und zweifelhafte Bestandteile gedeutet werden.

Zugleich jedoch erschweren zahllose aneinander gereihte Gedankensplitter und Gedankensprünge oft das Verständnis eines logischen Zusammenhangs und könnten zu eigenen Deutungen verlocken. Hier war eine gewisse Zurückhaltung ebenso angebracht wie die Klarheit der Darstellung. Ebenso galt es, eine bunte Fülle von einzelnen Begebenheiten in den verschiedenen Kapiteln zu einem harmonisch ineinander passenden Mosaik zusammenzufügen. Obwohl dabei manche Risse und Überschneidungen sichtbar bleiben, soll doch eine Art roter Faden die Biografie durchziehen und in ihren verschiedenen Kapiteln zusammenhalten. Denn bei Flattich selbst ist in Themen und Thesen letztlich die mannigfache Vielfalt zur maßgebenden Einheit geworden. Die übergeordnete Wirklichkeit spendete jene richtungweisende Wirkungskraft, die seine Persönlichkeit auszeichnet. Von Flattichs Geist können auch wir modernen Zeitgenossen angesprochen und erfüllt werden, wenn die Quelle hierzu persönlich in Anspruch genommen wird: Gottes Wort. So kann man heutzutage ebenfalls Segen empfangen und an andere Menschen weitergeben, wie es Johann Friedrich Flattich in seinem Leben vergönnt gewesen war.

Da jedes Lebensbild nur in Beziehung zu seiner jeweiligen Umwelt geschildert werden kann, werden kurze Erläuterungen zur kirchlichen, politischen, kulturellen und sozialen Zeitgeschichte Flattichs seiner eigentlichen Lebensbeschreibung vorausgeschickt oder an jeweils passender Stelle eingefügt werden müssen. Dies geschieht allerdings nur insoweit, als sich früher oder später eine direkte Beziehung zu den betreffenden Personen, Verhältnissen und Ereignissen ergibt. Eingehende Erörterungen zur Geschichte Württembergs im 18. Jahrhundert, der Aufklärung und des Pietismus jener Zeit entnehme man den im Literaturverzeichnis aufgeführten wissenschaftlich profunden Veröffentlichungen.

Die vorliegende Schilderung der Lebensgeschichte Flattichs beruht – wie überhaupt alle Schriften über diese Persönlichkeit – auf dem Werk des badischen Pfarrers Karl Friedrich Ledderhose, das 1846 in dritter Auflage erschienen ist und 1926 von dem Reutlinger Pfarrer Friedrich Roos in neuer Überarbeitung herausgegeben worden war. In jüngster Zeit veröffentlichte Dekan i. R. Christoph

Duncker 33 Briefe aus Flattichs Nachlass, die bisher unbekannt geblieben waren. Ebenfalls außerordentlich aufschlussreich über Flattichs Zeit in Münchingen berichtet ein Aufsatz von Dr. Hermann Ehmer, dem Direktor des Landeskirchlichen Archivs in Stuttgart. Neben Abhandlungen wie diesen werden die eigenen Schriften, Briefe und Tagebücher Flattichs in besonderer Weise Berücksichtigung finden und Grundlagen zur vorliegenden Lebensbeschreibung liefern.

Im Unterschied zu anderen Werken über Johann Friedrich Flattich will die vorliegende Biografie *zwischen dem Lebensweg und dem in verschiedenen Schriften veröffentlichten Gedankengut Flattichs keine trennende Aufteilung* vollziehen, sondern versuchen, beides in jenen zeitlichen Einklang zu bringen, wie es etwa dem tatsächlichen Ablauf entsprochen hat. Gerade bei dem praktisch denkenden und handelnden Pfarrer Flattich scheint dies besonders berechtigt und nahe liegend zu sein.

Bevor nun der ausführlichen Schilderung von Flattichs Leben und der Art und Substanz seines Wirkens sowie dem Inhalt seiner Schriften breiter Raum geboten wird, gebührt ein herzlicher *Dank* dem Hänssler-Verlag und seinem Lektor, Herrn *Stephan Zehnle*, für die Herausgabe und vorhergehende Mitarbeit an diesem Buch, das damit zugleich Teil der schon mehrere Bände umfassenden Biografien-Reihe des Verlages sein darf. Außerdem bedanke ich mich bei Herrn *Hans Dieter Frauer* (Evang. Pressedienst, Herrenberg), Herrn Rektor *Alfred Gruber* (Leiter des Heimatmuseums Münchingen), Frau *Erika Banjahmad*, Frau *Marianne Treiber*, Frau *Rosemarie Haager* (alle Stuttgart-Sillenbuch), Herrn Pfarrer i. R. *Karl Herre* (früher Münchingen), Herrn *Siegfried Nissler* (Leinfelden-Echterdingen), Frau *Gudrun Wiesinger* (Freiberg-Beihingen) sowie Herrn Pfarrer *Hans-Jürgen Wolter* (Münchingen).

Prof. Dr. Martin Brecht urteilt in seiner Geschichte des Pietismus (Band II, S. 265) über Johann Friedrich Flattich zutreffend, was auch das vorliegende Buch illustrieren und dokumentieren will: »Die Breitenwirkung dieses schwäbischen Salomo als Seelsorger und

Ratgeber dürfte nicht zu unterschätzen sein.« So möge sich deshalb der Wunsch, den K. Fr. Ledderhose im Vorwort seiner Flattich-Biografie (3. Aufl., S. VI) äußert, auch in der hier dargebotenen Lebensbeschreibung verwirklichen: »Funken vom Altar Gottes fliegen allenthalben im Buche herum; dass sie nur im Herzen des Lesers zünden mögen... Gott lege seinen reichen Segen auf das Flattichbuch.«

Stuttgart-Sillenbuch, im Januar 1997
Lothar Bertsch

# 1. DER GESCHICHTLICHE RAHMEN VON FLATTICHS LEBEN

## Land und Leute

Johann Friedrich Flattichs Heimat, in der er sein sehr langes Leben (1713–1797) verbrachte, war das Herzogtum *Württemberg* des 18. Jahrhunderts. Er lebte dort ausnahmslos in dessen mittlerem Neckarraum zwischen Besigheim im Norden und Tübingen im Süden.

Das Land wurde von dem Geschichtsschreiber Christian Gottlob Barth im ersten Satz seines Werkes neben dem biblischen Canaan oder Palästina als ein in aller Welt »Gelobtes Land« gerühmt. Seine Bewohner, zu Flattichs Zeit etwa 400 000 an der Zahl, davon rund 20 000 in der Haupt- und Residenzstadt Stuttgart ansässig, lebten hauptsächlich von Landwirtschaft und Weinbau, brachten es aber trotz aller Bemühungen nicht zu größerem Wohlstand. Flattich war vielmehr in seinem ganzen Leben stets mit der Armut zahlreicher Gemeindeglieder konfrontiert. Im Vergleich zu den damals die europäische Politik beherrschenden Großmächten Österreich, Frankreich, Preußen und Russland nahm Altwürttemberg größenmäßig und politisch nur eine untergeordnete Stellung ein. Doch im Juni 1795, also zwei Jahre vor Flattichs Tod, überschritten französische Revolutionstruppen den Rhein, besiegten bei Renchen ein österreichisches Heer, dann dessen Erzherzog Carl bei Dobel und schließlich weitere seiner Truppen nach einem blutigen Gefecht bei Cannstatt. Auch zuvor schon durch drei preußisch-österreichische Kriege

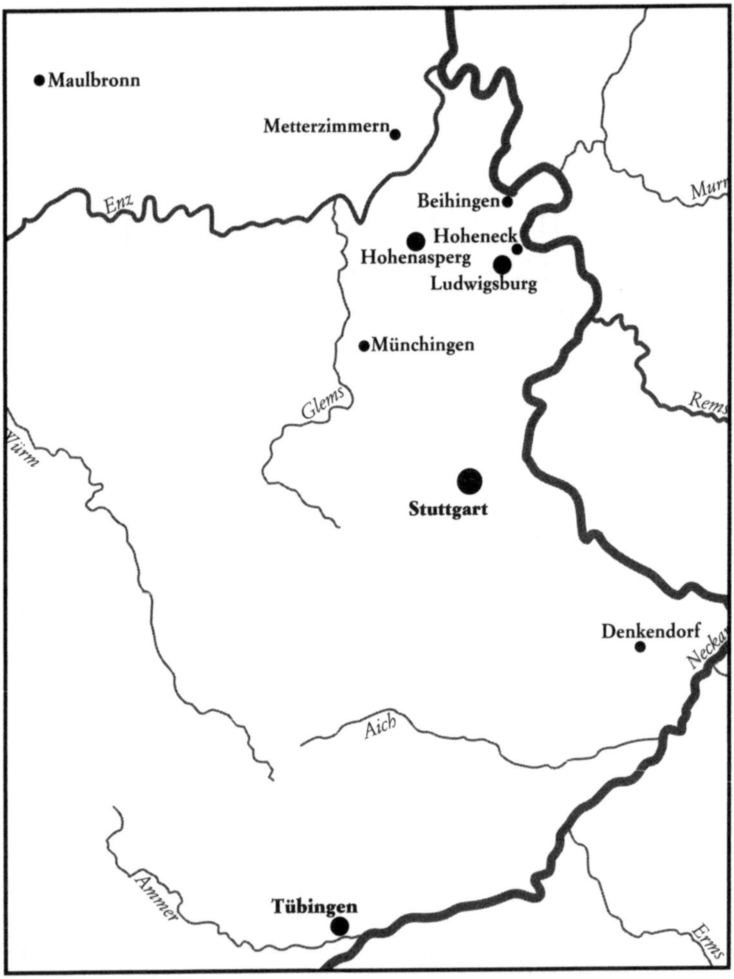


*Flattichs Lebensraum: Altwürttemberg*

um Schlesien und jetzt nochmals brachte das Kriegsgeschehen Unruhe ins württembergische Land und damit in das Leben des greisen Pfarrers Flattich hinein. An seinem Lebensabend wurde ihm noch der Name Napoleon bekannt, der in den Jahren, die auf seinen Tod folgten, die Entwicklung seiner württembergischen Heimat entscheidend verändern sollte.

# Der Landesherr

*Herzog Carl Eugen*

Als Flattich 33 Jahre alt war, kam im Alter von 16 Jahren in Württemberg jener Herzog an die Regierung, mit dem später Pfarrer Flattich öfters zu tun bekommen und der entscheidend in sein Leben eingreifen sollte: *Carl Eugen* (1728 - 1793). Von Hause aus katholisch, durfte sich der Fürst infolge eines Religionsvertrages nicht direkt in die inneren Angelegenheiten der evangelischen Landeskirche Württembergs einmischen, die zu jener Zeit den Charakter einer Staatskirche besaß und zu der fast alle Untertanen gehörten. Würde sich der absolutistisch regierende Herrscher etwa bei Neubesetzungen von Pfarrstellen an diese Abmachung halten?

Bis zum Beginn des Siebenjährigen Krieges (1756) regierte der junge Herzog so besonnen und klug, dass ihm der Landschaftskonsulent (Berater) Johann Jakob Moser (1701 – 1785) ein sehr gutes Zeugnis ausstellen konnte. Nachdem ein Vertrag mit Frankreich zunächst viel Geld für seine verschwenderische Hofhaltung eingebracht hatte, musste Carl Eugen verabredungsgemäß württembergische Truppen an die Dienste dieser Krieg führenden Großmacht abstellen. Dazu ließ er Zwangsrekrutierungen vornehmen und Steuererhöhungen durchführen. Dies stellte jedoch eine schwere Verletzung des Tübinger Vertrags von 1514 dar, welcher den Landständen (dem Landtag) das Recht zur Steuerbewilligung gegenüber dem Landesherrn einräumte. Nun kam es zwischen beiden Instanzen zum Machtkampf.

Prominentestes Opfer dieser harten Auseinandersetzungen wurde der schon genannte J. J. Moser, der nach achtjähriger Amtsausübung als Verteidiger der Verfassung ohne Gerichtsverfahren fünf Jahre auf dem Hohentwiel eine Kerkerhaft verbüßen musste. In unerschütterlichem Gottvertrauen und davon überzeugt, recht gehandelt zu haben, verleugnete er diese Haltung auch dann nicht, als ihm der Herzog um diesen Preis die Freiheit anbot.

Als der Tübinger Oberamtmann Huber gegen die ungesetzliche Steuererhöhung unter Berufung auf die Rechte des Vaterlandes protestiert hatte, antwortete ihm der Landesherr kurz und bündig: »Was Vaterland! Ich bin das Vaterland.« Die Einwohner Tübingens ließ er mit Waffengewalt zur Zahlung ihrer Sonderabgaben zwingen. Es war also für die Untertanen sehr ratsam und klug gewesen, den Willen von Serenissimus im strengsten Sinne »tiefniedrigst zu verehren«.

So schreckte also Herzog Carl Eugen nicht davor zurück, Personen, die ihm unliebsam geworden waren, ohne Gerichtsverfahren unter unmenschlichen Bedingungen auf seinen Festungen Hohenasperg oder Hohentwiel bisweilen gefangen zu halten. Vor allem sind hier der Dichter Christian Friedrich Daniel Schubart (1739–1791) sowie der Oberst und spätere Festungskommandant Philipp Friedrich Rieger (1722–1782) zu nennen. Auch die berühmte Sopranistin an Carl Eugens Hof, Marianne Pirker, war von diesem herben Schicksal betroffen worden, nachdem ihr der Herzog grundlos Beihilfe zur Flucht seiner Gattin Friederike von Bayreuth unterstellt hatte. Friederike hatte ihn nach nur wenigen Jahren verlassen. Ihm wird eine außereheliche Nachkommenschaft von etwa 150 Kindern zugeschrieben.

Die wachsende grandiose Prachtentfaltung des württembergischen Hofstaats mit ca. 1 800 Personen, die alle anderen europäischen Residenzen übertraf, führte zu einer unglaublichen Günstlings- und Mätressenherrschaft. Kostspielige Bauten und Feste verschlangen immense Geldsummen, was dazu führte, dass immer mehr Schulden des Hofs als Steuerlasten auf die Untertanen abgewälzt wurden. Zusätzlich litt die Bevölkerung, ganz besonders auch in der Nähe von Flattichs zukünftigen Gemeinden, unter den Jagdvergnü-

*Hohenasperg, Schubartturm*

gungen ihres Herrschers. Die benötigten Treiber wurden aus der Umgebung »rekrutiert«. Hinzu kamen weitere Frondienste und nicht zuletzt die schweren Flur- und Waldschäden, die diese häufigen Jagdabenteuer des Herzogs hinterließen. Diese Zustände sollten Pfarrer Flattichs Tätigkeit nicht unberührt lassen.

Erst in der zweiten Regierungsperiode Carl Eugens änderte sich vieles zum Besseren für Land und Leute in Württemberg. Die Reichsgräfin Franziska von Hohenheim (1749–1817) war als guter Geist ins Leben des Herzogs getreten und konnte ihren segensreichen Einfluss auf den Fürsten zum Wohl des ganzen Landes ausüben. Hinzu kam ferner, dass sich Carl Eugen in einem Erbvergleich mit seinen Landständen in einem vom kaiserlichen Gericht in Wien angeordneten Erbvergleich versöhnen musste. Jetzt widmete sich Serenissimus vor allem dem Erziehungswesen seines Landes, indem er die Hohe Carlsschule in Stuttgart ins Leben rief und nach Kräften derart förderte, dass sie das kaiserliche Privileg einer Universität erlangte und sich tatsächlich zu einer führenden Hochschule von ganz Europa entwickelte. Außerdem nahm sich das Herrscherpaar der Kunst und Wissenschaft sowie der Landwirtschaft und des Ausbaus der Straßen im Herzogtum Württemberg tatkräftig an.

Von der weit reichenden und tief greifenden Wende im Leben Carl Eugens wird noch die Rede sein, wenn er zu seinem 50. Geburtstag am 24. Februar 1778 das für einen Fürsten höchst ungewöhnliche, ja einmalige und einzigartige Bußbekenntnis mit der Absichtserklärung seiner künftigen Besserung von sämtlichen Kanzeln seines Herrschaftsbereichs verlesen ließ.

Trotz dieser erfreulichen Entwicklung hatte sich jedoch das unberechenbare, bisweilen unbeherrschte Wesen und die absolutistische Regierungsweise Carl Eugens nicht so grundlegend geändert, als dass von da ab keine Übergriffe mehr vorgekommen wären. Wie würde sich dies alles auf das Leben von Pfarrer Flattich auswirken?

In jüngster Zeit sind gewisse Zweifel darüber aufgekommen, ob Flattich überhaupt in solch näherem Kontakt zu seinem Herzog stehen konnte, wie allenthalben berichtet wird. In Kürze sei hierzu bemerkt, dass sich Carl Eugen stets sehr volksverbunden verhielt, indem er sich mit seinen Untertanen unterhielt und ihnen vielfältige Gelegenheiten zu Audienzen bot. Menschen, die ihn interessierten, lud er gern an seinen Hof bzw. auf das Schloss ein, das er gerade bewohnte – sei es die Solitude, Stuttgart oder Hohenheim. Zu diesem Personenkreis gehörten auch Pfarrer und Theologen, z. B. Philipp Matthäus Hahn, Flattichs späterer Schwiegersohn. Was die Echtheit der sog. Anekdoten über Flattich anbelangt, so konnten diese nur aufgrund eines Wahrheitskerns entstehen, da es ja zu vielen, im Einzelnen zu schildernden Begebenheiten Zeitzeugen gab. Die Wiedergabe dieser Begebenheiten in der folgenden Lebensgeschichte scheint somit vollauf gerechtfertigt zu sein, besonders da sie Wesentliches über Flattichs Charakter erkennen lassen. Der Landpfarrer überlebte dann seinen Landesherrn nach dessen Tod noch um vier Jahre unter den Herzögen Ludwig Eugen (bis 1795) und Friedrich Eugen (starb 1797).

## Die geistigen und kirchlichen Zeitumstände

Zu Flattichs Lebzeiten herrschten zwei äußerst bedeutsame geistige Strömungen im In- und Ausland Württembergs vor. Das war einerseits die *Aufklärung* mit ihrer ausschließlichen Betonung der Vernunft als oberster geistiger Instanz des menschlichen Wesens. Andrerseits war dies im Raum der Kirche der *Pietismus.* Er entstand als Gegenbewegung zur buchstabengebundenen Rechtgläubigkeit (der Orthodoxie) mit ihrer Gefahr einer geistlichen Erstarrung der Christen. Der Pietismus strebte demgegenüber eine lebendige Herzensgläubigkeit statt eines ausschließlichen Kopfglaubens an. Der pietistische Christ sollte nach persönlicher Heiligung trachten und die Gemeinschaft mit gleichgesinnten Brüdern und Schwestern am Ort pflegen. Diese Versammlungen wurden »Privaterbauungsstunden« oder kurz »Stunden« genannt. Der Pietismus löste im Sinne Martin Luthers mit seinem echten Priestertum aller Gläubigen die Vorherrschaft der Pfarrer in der evangelischen Kirche ab. Jetzt wurden die sogenannten Laien zu verantwortungsvoller, eigenständiger Mitarbeit befähigt, berechtigt und berufen. Zugleich wusste und weiß sich jeder Pietist dem Wort Gottes in der Heiligen Schrift uneingeschränkt verbunden und verpflichtet.

Unter pietistischem Einfluss wurde 1724 durch Prälat Hiemer in Württemberg die Konfirmation eingeführt. Flattich war damals neun Jahre alt, so dass er sie einige Jahre später bereits feiern durfte. Als Flattich 20 Jahre alt war, bereiste *Graf Nikolaus von Zinzendorf* – eine der führenden Gestalten des Pietismus – erstmals (und zehn Jahre später nochmals) Flattichs württembergische Heimat. Zwar wurde im Laufe der nächsten Jahre Zinzendorfs Einfluss im Lande stärker, nicht jedoch auf den Klosterpräzeptor und späteren Prälaten *Johann Albrecht Bengel* (1687 – 1752), der im weiteren Verlauf Flattichs Entwicklung entscheidend prägen und ihm zu seinem Platz im württembergischen Pietismus verhelfen sollte. Flattich fühlte sich in seinem Denken allerdings auch stark zur Theologie des Prälaten *Friedrich Christoph Oetinger* (1702 – 1782) hingezogen.

Der Pietismus hatte durch *das Generalreskript vom 10. Oktober 1743* ein bleibendes und bedeutungsvolles Heimatrecht in der

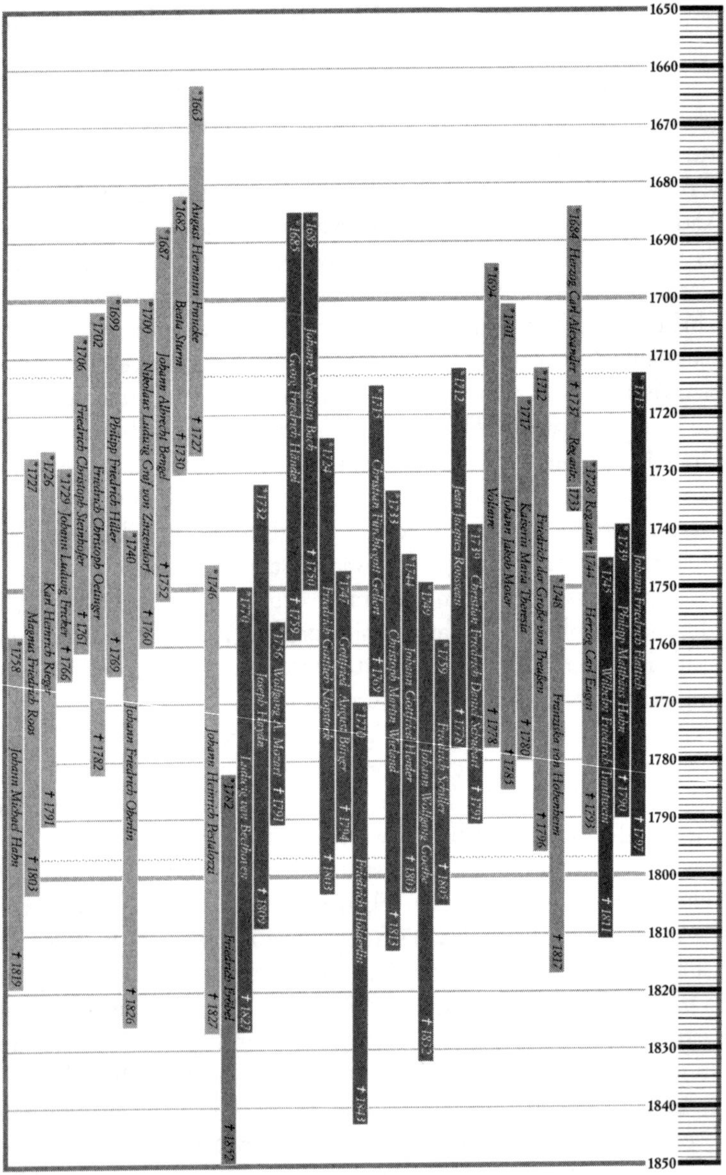


*Flattich und seine bedeutendsten Zeitgenossen*

evangelischen Landeskirche in Württemberg eingeräumt bekommen. Erbauliche Privatversammlungen (»Stunden«) waren zugelassen. Sie durften allerdings nur tagsüber, nicht gleichzeitig mit Gottesdiensten, mit nur begrenzter Teilnehmerzahl (bis zu 15 Personen) und unter steter Aufsicht des Gemeindepfarrers abgehalten werden.

Während auf die Lage des Adels, der Schultheißen und Bürgermeister, örtlicher kirchlich-weltlicher Gremien und Behörden, auf das Konsistorium als Kirchenleitung und auf die sozialen Verhältnisse noch einzugehen sein wird, ist hier darauf hinzuweisen: Es konnte sich im Herzogtum Württemberg bei aller gesetzlichen Gängelei in Staat und Kirche im religiösen Bereich dennoch jene Freiheit entfalten, die in einem Brief des pietistischen Pfarrers Johann Ludwig Fricker aus Dettingen/Erms vom 24. April 1761 zum Ausdruck gebracht wurde: »Ich kann zur Ehre Gottes und Jesu Christi versichern, dass es für die jetzige Zeit in Ansehung der Wahrheit so herrlich bei uns aussieht, als es noch nie gewesen und schwerlich lange dauern wird« (Württembergische Väter, S. 81).

Fraglich bleibt indessen auf dem Gebiet der Literatur, ob Flattich mit Dichtern und Schriftstellern seiner Zeit wie Friedrich von Schiller, Johann Wolfgang von Goethe, Christoph Martin Wieland, Johann Gottfried von Herder in irgend eine nähere Beziehung getreten ist. Entsprechende Nachweise fehlen. Ob Flattich die sich ausbreitende Musik seiner Zeitgenossen Johann Sebastian Bach oder Georg Friedrich Händel zu Gehör bekommen hat, ist ebenfalls ungewiss. Hingegen wird er wohl Gelegenheit gehabt haben, die Kompositionen von Niccolò Jommelli zu hören, der 1753 bis 1769 als Hofkapellmeister in Stuttgart wirkte.

Nach dem zeitgeschichtlichen Rahmen zu Flattichs Leben und Wirken kann mit der Darstellung seines Lebensbildes begonnen werden.

# 2. KINDHEIT UND SCHULZEIT

## Kindheit in Beihingen

*Beihingen (um 1820)*

Johann Friedrich Flattich erblickte am 3. Oktober 1713 das Licht dieser Welt als einziger Sohn von Johann Wilhelm (1678–1729) und Maria Veronika Flattich (1680–1756), geb. (von) Kapff, einer Tochter des Stiftsverwalters von Backnang. Die Eltern Flattichs stammten beide aus der altwürttembergischen »Ehrbarkeit«. Sie hatten im Jahre 1700 geheiratet und bereits zwei Töchter – Maria Catharina (geb. 1702) und Esther Maria Franziska (geb. 1705) –, als sie ihren ersten Sohn in die Arme schließen konnten. Dies geschah in dem Neckardorf Beihingen (in der Nähe von Württembergs zeitweiliger Residenzstadt Ludwigsburg gelegen). Dort hatte sich Vater Flattich vom Mesner, Organisten, Schulmeister und Gerichtsschreiber zum Amtmann in Diensten des Ortsadels Schertlin von Burtenbach emporgedient.

Blick auf die Amanduskirche in Beihingen, in der Flattich getauft und konfirmiert wurde

Beihingen selbst besaß zwei Schlösser, von denen das alte (das später als Schule genutzt wurde) immerhin aus dem 12. Jahrhundert, das neue aus dem Jahre 1525 stammte. In der spätgotischen Kirche zum Hl. Amandus (die dem Geburtshaus Flattichs benachbart lag) empfing das Kind die Heilige Taufe und wurde bewusst im christlichen Glauben erzogen.

Damit wurde der kleine Johann Friedrich in die lebendig gebliebene Tradition hineingenommen, die für die *Herkunft seiner Familie* kennzeichnend ist. Als Erwachsener berichtete Flattich: »Mein Vorelter vor 200 Jahren war ein Edelmann.« Dieser begüterte Finanzmann besaß das Gut Flattach bei Brünn (Mähren) im Habsburger Reich. Als er im Zuge der Gegenreformation seinen evangelischen Glauben nicht aufgeben wollte, wurde er aus der Heimat verbannt. Sein Landesherr hatte ihm jedoch zugesagt, er könne zurückkehren und würde seinen Besitz wieder erhalten, sofern er nicht länger evangelisch bleiben wolle. Dies erfolgte allerdings nicht.

Der Name – jetzt ohne Adelsprädikat – erscheint vielmehr sodann in dem württembergischen Ort Nussdorf bei Vaihingen/Enz. Dort hatte sich Johann Friedrichs Ururgroßvater Martin Flattich (1552–1628) das Bürgerrecht erworben und sogar die Stellung des Schultheiß erlangt. Sein Sohn Johann, der dort 1599 geboren wurde, wählte später den Beruf eines Pfarrers, ebenso dessen Nachkomme Johann David (1639–1714), also der Großvater unseres »Fritz«, wie Eltern, Geschwister und Dorfbewohner den jungen Johann Friedrich nannten.

Zur Ahnengalerie wird auch jener Freudenstädter Dekan gezählt, an dessen Grab die Worte in Stein geschrieben waren:

*»Ein Flattich von Geburt, nicht flatterhaft im Geist,*
*Johannes in der Tat, was Werk und Nam beweist,*
*ein David in der Tat, der im Tod den Goliath besiegt*
*und jetzt in Zionsburg lebt, selig und vergnügt.«*

Daran anknüpfend stand das wohl von ihm selbst gewählte Wort Jesu aus Lukas 10,20: »Freut euch aber, dass eure Namen im Himmel geschrieben sind.« Eine solche Glaubensgewissheit sollte auch im Leben von Johann Friedrich Flattich wachsen, reifen und Früchte bringen, Ströme des Segens von den Vätern her entsprechend göttlicher Verheißungen in sein ganzes Denken und Wirken hinein- und von dort weiterfließen.

Dieser Darstellung Flattichs wird neuerdings im Blick auf die Herkunft der Vorfahren aus Mähren widersprochen. Dennoch bleibt die Tatsache bestehen, dass Ururgroßvater und Großvater väterlicherseits trotz aller Bedrängnisse und ungeachtet des Verlustes ihres Pfarramts um ihres Glaubens willen diesem treu geblieben waren.

Während der ältere und der jüngere Bruder von Flattichs Vater Pfarrer geworden waren, kam dieser – Johann Wilhelm – in den damaligen Kriegswirren aus dem Elternhaus fort und wurde mit 17 Jahren bei einem katholischen Edelmann Koch. In die Heimat zurückgekehrt, betätigte er sich zunächst als Schreiber, bis ihm sein älterer Bruder als damaliger Ortspfarrer von Beihingen bei Ludwigsburg die Stelle eines Schulmeisters und Gerichtsschreibers bei den dort ansässigen Herren von Schertlin vermitteln konnte. Da der Vater durch seine Tätigkeit als Amtmann über die Hälfte der beiden Orte Beihingen und Geisingen (im Besitz der Herren von Schertlin) völlig ausgelastet war, konnte er selbst seit 1705 nicht mehr in der

Schule unterrichten. Daher erteilte er seinem Sohn nicht persönlich Unterricht, sondern ließ das durch einen von ihm für den Schuldienst angestellten Provisor erledigen.

*Grabplatte des Albrecht Heinrich Schertlin von Burtenbach in der Beihinger Amanduskirche, eines Gliedes der Familie, in deren Dienst Flattichs Vater stand*

Der Sohn lernte aber etwas anderes bei seinem strengen Vater. Dieser ließ einmal einen Alkoholiker einsperren, der seine Frau geschlagen hatte und von ihr daraufhin angezeigt worden war. Als sich der Amtmann bei der Frau über das hoffentlich gebesserte Verhältnis ihres Mannes zu ihr erkundigte, musste er erfahren, dass dieser inzwischen kein Wort mehr mit ihr rede. Sie beklagte den Verlust der Liebe ihres Mannes als das Schlimmste. Der heranwachsende Fritz merkte sich fürs Leben: »Liebe darf nicht befohlen oder erzwungen werden.«

Der Junge war mitunter zu Streichen aufgelegt. Im Alter von ungefähr zehn Jahre benahm er sich – immerhin der Sohn des Amtmanns – einmal etwas gewalttätig und warf mit Steinen nach dem Geflügel von Leuten, die mit Weinbau und Landwirtschaft beschäftigt waren. Als sich die Betroffenen bei Vater Flattich deswegen über den Amtmannsohn beschwerten, erteilte er ihnen das Recht, den Buben persönlich zu bestrafen, wenn dieser sich etwas hatte zuschulden kommen lassen. Beim Vater ging fortan keine Klage mehr ein, und der Sohn lernte, die einfachen Leute zu achten und sich ihnen gegenüber anständig zu benehmen.

Wie Flattich später in seiner Schrift zur Erziehung durch die Mütter betont, sollen diese als die ersten Personen im Leben der Kinder dafür sorgen, ihre Kinder nicht nur am Leib gut zu pflegen, sondern auch an der Seele, damit sie mit Gott aufwachsen. Für Flattich bezeichnend ist, dass er diese wie jede andere Erkenntnis mit einem Bibelwort belegt, so im gegebenen Fall aus den von ihm hochgeschätzten Sprüchen Salomos (31, 26–31), wo das Lob der Mutter gepriesen wird. Gewiss mag Flattich bei diesem Zitat auch dankbar an die eigene Mutter gedacht haben, wenn es u.a. heißt: »Sie tut ihren Mund auf mit Weisheit, und auf ihrer Zunge ist gütige Weisung ... ... und ihre Werke sollen sie loben in den Toren!«

Einmal allerdings zog Flattich aus dem Verhalten seiner Mutter eine Lehre, wie man etwas nicht tun soll. Als sie nämlich frisch zubereitete Butter in einem dafür geeigneten Gefäß hinter den Ofen gestellt hatte, verließ sie den Raum mit der Mahnung an Fritz, dort in der Ecke sei ein Butzemann, der ihn beiße, wenn er die Butter anrühre. Offenbar wollte sie den Jungen dadurch vom Naschen abhalten. Statt dessen nahm der kleine Fritz einen Stock und hieb damit kräftig in die Ofenecke mit den Worten: »Wart', du böser Butzemann, gehst du fort, du darfst meiner Mutter nicht die Butter fressen.« Als die Mutter zurückkehrte und den Boden mit den Scherben des Gefäßes und den Spuren der Butter bedeckt sah, fragte sie ihren Fritz, was er denn angestellt habe. Seine Antwort lautete lediglich: »Ich habe den Butzemann vertrieben.«

Aus dieser Begebenheit lernte die Mutter, Kindern gegenüber keine solche Märchen zu erzählen, sondern immer bei der Wahrheit zu bleiben. Der ältere Flattich rät daher in seiner Abhandlung über die Kindererziehung, Kindern keine Gelegenheit zum Lügen zu geben, weil dies viel Böses nach sich ziehen könne. Notlügen sollten dabei keine Ausnahme bilden. Wahrheit bewahre vor Streit und Verleumdungen. Gegen Lügen solle man einen Widerwillen empfinden. Flattich entwickelte also schon als Kind die Fähigkeit, Ereignisse seines Lebens in nützliche Erkenntnisse und Erfahrungen umzusetzen.

Bei seiner künftigen Erziehungsarbeit wurde sich Flattich also ganz besonders dessen bewusst, wie viel an der rechten Mutter eines Kindes gelegen ist und wie viel durch eine schlechte Mutter im Blick auf die weitere Entwicklung eines jungen Menschen verdorben werden kann. (Dass die frühkindliche Erziehung fürs ganze Leben prägend ist, bestätigen die Erkenntnisse der modernen Erziehungswissenschaft.)

In seiner Schrift »Vom ersten Unterricht der Kinder« benutzte Flattich in der ihm eigenen anschaulichen Darstellung den Vergleich mit dem Arzt. Wie dieser die Arznei vorschreibt und die Krankenwärterin sie dem Patienten eingibt, so verordnet der Vater, was ein Kind lernen soll, und die Mutter bringt es dem Kinde bei. Dabei beklagte Flattich, wie wenig die Frauen seiner Zeit von Kindererziehung wissen und dass sie durch viele häusliche Pflichten davon abgehalten werden, sich recht um ihre Kinder zu kümmern. Manche seien auch zu bequem, würden ihre Kinder weggeben oder deren Erziehung – falls möglich – in die Hände von Dienerinnen übergeben.

## Schulzeit in Ludwigsburg

In Ludwigsburg fand der junge Johann Friedrich an der Lateinschule die Stätte seiner schulischen Weiterbildung. Da er aber zu Hause bei der Mutter wohnen blieb, bedeutete dies für ihn einen täglichen Fußmarsch bei Wind und Wetter von insgesamt über zwei Stunden hin und zurück.

Unterwegs erfreute ihn als interessierten, aufgeschlossenen Naturbeobachter in erster Linie die Vogelwelt. Er schilderte im Rückblick auf jene Zeit, er habe keine Ruhe gefunden, wenn er eine Meise pfeifen hörte, bis er sie in seinem Schlag in Beihingen hatte. Dazu lernte er pfeifen wie diese Vögel und scheute hierfür keine entsprechende Mühe, ließ es dabei nicht an der erforderlichen Ausdauer fehlen.

Durch seine zahllosen Wanderungen und die Beobachtungen in der Natur, die er unterwegs machte, fand der junge Flattich bereits früh das Anschauungsmaterial, das er später oft für Vergleiche mit geistlichen Aussagen und pädagogischen Sachverhalten heranziehen sollte. Ebenso erwachte in ihm schon in Kindertagen die Liebe zum einfachen Leben auf dem Lande. Er lernte die harte Arbeit der Bauern und Weingärtner kennen und schätzte sie hoch ein, so dass er sich später stets ohne Zögern für sie einsetzen sollte.

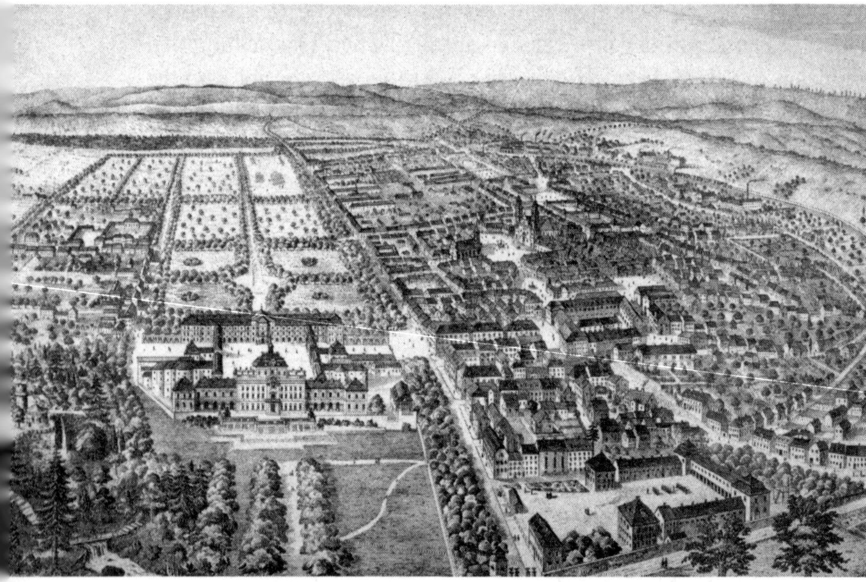

*Ludwigsburg aus der Vogelperspektive*

Eine weitere bedeutsame Lektion wurde dem jungen Schüler auch im Kosthaus seines Ludwigsburger Lehrers zuteil. Dort war der von der Mutter auf den Weg mitgegebene Wecken natürlich längst verzehrt, so dass sich Hunger einstellte. Weil nun das Essen im Kosthaus stets sehr kärglich bemessen war, griff sich Fritz in unbeobachteten Momenten die dicke Haut vom »Kindlesbrei« und ließ sie sich schmecken.

Erlebnisse wie dieses führten dazu, dass Flattich ein ganz besonderes Verhältnis zur »lieben Armut« entwickelte, mit der er es in seinem späteren Leben noch oft genug zu tun bekommen sollte. Er fasste den Vorsatz, niemanden an seinem Tisch jemals hungern zu lassen und unversorgt aus dem Hause zu schicken. Er äußerte sich hinsichtlich seiner entbehrungsreichen Jugend dankbar darüber, dass ihn seine Mutter nie verwöhnt, sondern rau und anspruchslos erzogen hatte. Dazu ließ er das Bibelwort gelten: »Es ist ein köstlich Ding für einen Mann, dass er das Joch in seiner Jugend trage« (Klagelieder 3, 27). In Flattichs Schriften zur Erziehung der Kinder findet man solche Gedanken immer wieder.

## Flattich über den »Elementarunterricht«

Zum *Elementarunterricht* schrieb Flattich in späteren Lebensjahren, wohl noch in Erinnerung und Anknüpfung an eigene Erfahrungen: Dieser Anfangsunterricht ist deshalb für den Erzieher besonders schwierig, weil er sehr viel Liebe und Geduld erfordert. Entscheidend ist das Verhalten einer rechtschaffenen Mutter, die gewissermaßen mit der Muttermilch ihrem Kind Gutes einflößen kann (Roos, S. 262).

Der Weg der Erkenntnis verläuft für Flattich von der Anschauung zum Begreifen. Junge Leute sollten nicht zu abstrakt erzogen werden. So unterrichtete auch Jesus durch Zeigen und Lehren, das »maschinenmäßige Auswendiglernenlassen« kommt in der Bibel dagegen nicht vor; vielmehr soll das »göttliche Gesetz« – nämlich Liebe – eingeprägt werden.

Kleine Kinder, in Liebe betreut und versorgt, werden aufmerksam, bekommen einen regen Verstand. Flattich empfahl, wie Jesus zu handeln, der seine Jünger auch auf Dinge hinwies, die sie erst später verstanden.

Die verschiedene Begabung der Menschen verglich Flattich mit Früh- und Spätbirnen. Letztere sind dauerhafter als erstere.

Beides ist nicht zugleich zu haben, kommt jedoch gleich weit. Spätentwickelnde Schüler dürfen vom Erzieher nicht als dumm eingeschätzt werden, brauchen aber Ermutigung.

Die Beobachtung eines Steinhauers bei seiner Arbeit führte bei Flattich zu der Überlegung, man könne den größten Stein hinwegtragen, wenn man ihn zuvor in kleinere Stücke zerschlägt. Daraus folgerte er: Ebenso solle der Lehrer ein schwieriges Stoffgebiet aufteilen und dann erst seinen Schülern vermitteln.

*Das Denkmal »Pfarrer Flattichs Gespaltener Stein« in Beihingen*

Dies gab der Heimatgemeinde Flattichs, Beihingen, die Anregung, 1972 ihrem großen Sohn und bedeutenden Erzieher das Denkmal »Pfarrer Flattich's Gespaltener Stein« zu setzen. Es wurde zur Einweihung mit vielen Luftballons abgedeckt und dann durch Schulkinder enthüllt. Dies hätte dem kreativen Sinn des genialen Pädagogen ganz gewiss gefallen, obwohl er sich in seiner großen Bescheidenheit gegen ein Denkmal seiner Person ausgesprochen hätte. Eine Straße, ein Kindergarten und die Grundschule in Beihingen tragen heute den Namen Johann Friedrich Flattichs.

Im Alter von 15 Jahren, am 16. Juli 1728, verlor Flattich völlig überraschend seinen Vater. Die Familie blieb ohne Ersparnisse zurück, Schmalhans wurde jetzt Küchenmeister. Die Mutter musste sich größte Sparsamkeit auferlegen, um ihrem Herzenswunsch zur allmählichen Erfüllung zu verhelfen, dass nämlich ihr »Fritz« als Verkündiger des Evangeliums in den Dienst der Kirche treten könne. Sie nahm also persönlich Armut und Not in Kauf, konnte dies allerdings auch ihrem geliebten Sohn nicht ersparen.

Nach dem Tod des Vaters heiratete die jüngste Tochter seinen Nachfolger, zog an dessen Amtssitz nach Geisingen und nahm ihre verwitwete Mutter dorthin mit. Ob auch Fritz mit umgezogen ist, lässt sich nicht mehr nachweisen. Vielleicht nahm sich schon jetzt der Bruder seiner Mutter, sein Onkel Kapff, Pfarrer in Hoheneck, des verwaisten Jungen an. Später wurde Mutter Flattich von ihrer älteren Tochter, die mit einem Pfarrgehilfen verheiratet war, ins Pfarrhaus Hoheneck aufgenommen. Der junge Flattich wechselte spätestens jetzt auf die weiterführenden Schulen. Er verließ also seinen Geburtsort Beihingen endgültig.

## Bei Johann Albrecht Bengel in der Denkendorfer Klosterschule

Da Flattich ein sehr fleißiger, begabter, gewissenhafter und allgemein interessierter wissensdurstiger Schüler war, den seine Lehrer gern unterrichteten, öffnete sich ihm nach bestandenem Landexamen im Mai 1729 die evangelische Klosterschule in *Denkendorf* auf den Fildern. Für seine Mutter war dies eine erhebliche finanzielle Entlastung, da Kost und Logis dort unentgeltlich waren. Noch größer aber war wohl ihre Freude darüber, dass damit ihr Sohn dem Studium der Theologie und ihrem Wunsch, dass er einmal Pfarrer werde, ein weiteres Stück näher gerückt war.

Für den jetzt 16jährigen Schüler begann ein in seiner Bedeutung gar nicht hoch genug einzuschätzender Lebensabschnitt. Unter den ausgezeichneten Lehrkräften befand sich nämlich der schon als führender Pietist erwähnte Klosterpräzeptor *Johann Albrecht Bengel.* Dieser »Schwabenvater« war es, dem die württembergische Kirche ihre Besonderheit als ausgeprägte Kirche des Worts verdankt. Im Bereich der biblischen Wissenschaft wirkte er bahnbrechend durch die Sammlung und den Vergleich von griechischen Urtexthandschriften des Neuen Testaments, woraus eine neue Ausgabe des neutestamentlichen Textes erwuchs. Fast jeder württembergische Pfarrer der damaligen Zeit empfing durch Bengel eine sehr gediegene Bildung. Auch die Schriften Bengels zur Bibelauslegung und Endzeiterwartung fanden unter Theologen und Nichttheologen der württembergischen Kirche weithin Anklang.

*Kloster Denkendorf zur Zeit Bengels*

Ganz besonders segensreich aber hat sich Bengels Einfluss auf das Leben Flattichs ausgewirkt. Denn der junge Mann hatte bei seinem Lehrer in nachahmenswerter Weise die gewissenhafte Treue zum biblischen Wort und die Haltung persönlicher Frömmigkeit gefunden, die auch sein eigenes Wirken bleibend prägten. (Nur die endzeitlichen Gedanken seines Lehrers übernahm Flattich nicht, so dass keine völlige Abhängigkeit bestand.)

Sein persönliches Vertrauen in Bengels Person und Lehre wuchs immer mehr. Als er in die neue Schule eingetreten war, fehlten ihm insbesondere die nötigen Kenntnisse in Latein. Er befolgte jedoch den Rat seines Lehrers, lateinische Gedichte abzufassen. So schwer ihm dies anfangs gefallen war, seine schon beim Erlernen von Vogelstimmen bewiesene Geduld und Ausdauer führte ihn bald in die Gruppe der besten Lateinschüler. Bengel gab ihm künftig keine konkreten Studienanweisungen mehr, ließ ihm vielmehr die freie Wahl seiner Unterrichtsstoffe.

Am eindrucksvollsten blieb darüber hinaus für den gelehrigen Schüler Flattich Bengels Ruf bei jeder Wochenschlussandacht: »Colligite animas!« (»Sammelt eure Herzen!«) Dies bildete zugleich das Motiv von Bengels Unterrichtsprogramm für die ihm anvertrauten angehenden jungen Theologen und künftigen Kirchendiener: »Dein einziges Ziel und Bestreben in allen Dingen sei die Ehre Gottes, das gute Gewissen und die einst dem allgemeinen Leben zu leistenden Dienste; fliehe schlechte Gesellschaft wie den Todfeind.« So musste sich Flattich auch einmal streng rügen lassen, als ihn seine Vorliebe für Nüsse zu einer verschwenderischen Geldausgabe veranlasst hatte. Diese ernste Mahnung zu beherzigen fiel ihm indessen nicht schwer, da er ja ein sehr genügsames Leben gewohnt war.

*Johann Albrecht Bengel*

Als dann nach zwei Jahren Bengels siebte Promotion von Denkendorf in das weiterführende Seminar im Kloster Maulbronn übersiedeln musste, fiel Flattich der Abschied von seinem hochverehrten Lehrer äußerst schwer. Er widmete Bengel zu dieser Gelegenheit ein (ursprünglich lateinisches) Abschiedsgedicht, das von seiner Wertschätzung ein beredtes Zeugnis gibt. Es ist überschrieben: »Abschiedsgedicht, dem achtungswürdigsten, vortrefflichsten, hochgeehrtesten und hochgelehrtesten Herrn Joh. Albr. Bengel, verdientesten Präzeptor des Klosters Denkendorf und wachsamsten Seelsorger der dort blühenden Gemeinde, seinem bis ins Grab hochzuverehrenden Gönner demütig dargebracht von dessen gehorsamstem Schüler Johann Fr. Flattich, herzoglichem Seminaristen, am 24. September 1731.« Die letzten, abschließenden Sätze daraus lauten: »Abschiedsstund' hat geschlagen! Ich muss den Faden der Rede schnell abbrechen; nur schwach hab' mein Gelübd' ich erfüllt. Nimm denn den Abschiedsgruß, von dem verfasst, der dir immer zuruft aus Herzensgrund und bis ans Ende: Leb wohl! O verehrtester Lehrer, leb wohl und verschmähe nicht die Rechte deines Flattich, der dir dankbar in Ewigkeit ist!« (Roos, S. 16).

Diese überschwänglich begeisterte Sprache zeigt sehr deutlich, welch tiefen und bleibend wirksamen Eindruck Johann Albrecht Bengel bei Flattich (und bei zahlreichen anderen Zöglingen) hervorgerufen hat. Seine »der Sonne zugewandte Erziehungsweise« (Richard Haug in: Unsere Kirche unter Gottes Wort) ließ seine Schüler empfinden, dass dieser hochgelehrte Mann gleichzeitig völlig in Gott und im Licht der Ewigkeit lebte. Bei allem ernsthaften und intensiven Lernen und Studieren kannte er »das Aufatmen zu Gott«.

Bengels Einstellung zum Pietismus mit dem Besuch und Abhalten von sog. Privaterbauungsstunden als »besonderer Gabe, die man nicht dämpfen soll«, wirkte wegweisend für den künftigen Pfarrer Flattich. Das stete Studieren der Heiligen Schrift übernahm er gleichfalls als unaufgebbares höchstes Bestreben. Bengels Feststellung hat von ihrer grundsätzlichen Gültigkeit und Richtigkeit seit Flattich bis in unsere Zeit nichts eingebüßt: »Wenn die Kirche wahr ist, so glänzt die Schrift, wenn die Kirche kränkelt, so bleibt die Schrift liegen.« Flattich hielt sich das ganze Leben lang strikt an die Regel seines Lehrers Bengel: »Wende dich ganz an die Schrift, die ganze Sache wende auf dich an« (Haug, S. 112).

Johann Friedrich Flattich darf zu Recht als einer der treuesten Schüler Johann Albrecht Bengels angesehen werden. Als elf Jahre nach seinem Weggang aus Denkendorf Bengels Kommentar zum Neuen Testament – der »Gnomon« – erschien, beschaffte sich Pfarrer Flattich dieses Werk und nahm es während seines gesamten weiteren Lebens bevorzugt zur Hand. Ja, er fertigte daraus sogar ein »Schatzkästlein zur Führung des geistlichen Amtes« an, welches allerdings erst im Jahre 1860 durch Karl Christian Eberhard Ehmann veröffentlicht werden sollte (vgl. Hagen, S. 63).

## Im Kloster Maulbronn

Ab Oktober 1731 beherbergte das Kloster *Maulbronn* Flattich und seine Mitschüler für weitere zwei Jahre. Wegen seines vorbildlichen Verhaltens wurde ihm nach einiger Zeit durch den kränklichen Klosterpräzeptor Lange die Aufsicht über seine Promotion anvertraut. Dies bedeutete für Flattich den Beginn seiner Betätigung im erzieherischen Bereich. Dabei war und blieb ihm sein wichtigstes Anliegen, sich allezeit hilfreich gegenüber den ihm anbefohlenen Menschen zu erzeigen. Deshalb unterließ er es auch, Verfehlungen seiner Mitschüler weiterzumelden, so dass er bei ihnen geachtet war und beliebt wurde. Ihm lag aber nicht nur am richtigen Umgang mit anderen Leuten, sondern er bemühte sich ernsthaft um die Aufgabe der Selbsterziehung. In einem Büchlein fand er den Satz: »Das ist der größte Herr, der über sich selbst Herr ist.« Die erstbeste Gelegenheit, dies einzuüben, bot ihm die Genügsamkeit beim Essen. Der Nutzen zeigte sich auch darin, dass Flattich kaum Geld benötigte.

## Studienzeit in Tübingen

Zum geplanten Studium der Theologie begab sich der inzwischen 20jährige Flattich an die württembergische Landesuniversität nach Tübingen. Dort trat er im Oktober 1733 ins herzogliche Stipendium (Stift) ein, das angehenden Pfarrern des Herzogtums kostenlos Unterkunft und Verpflegung bot sowie eine ständige intensive wissenschaftliche Betreuung angedeihen ließ. Hier beschäftigte er sich entsprechend dem damaligen Studienaufbau zunächst mit mathematisch-naturwissenschaftlichen und allgemein geisteswissenschaftlichen Fächern, ehe er sich den eigentlich theologischen umfassend widmete.

Wie schon anfangsweise im Seminar studierte er nicht nur im Bereich der Theologie, sondern bildete sich vor allem auf dem Gebiet der Mathematik, ebenso auf dem der Philosophie weiter. Um zu lernen, was Bestand für die Ewigkeit hat, las er oft im Neuen Testament. Er erkannte aufgrund von 1. Korinther 13 die Liebe als die größte Gabe Gottes und damit die praktische Umsetzung des christlichen Glaubens in die Tat als vordringliche Aufgabe. Obwohl demgegenüber alles Wissen Stückwerk ist, wurde in ihm der Wunsch immer stärker wach, die Jugend zu »informieren« (wie man damals das Unterrichten nannte).

*Tübingen*

In seiner Tübinger Zeit kaufte sich Flattich die »Mathematischen Anfangsgründe« des damals bekanntesten deutschen Philosophen Christian Wolff (1679–1754) und studierte sie zum Ausgleich zu den philologischen Wissenschaften unermüdlich, wenn auch anfangs mit Schwierigkeiten. Doch als ihm – wie er berichtete – von einer Minute zur anderen das Licht des Verständnisses aufgegangen war, fand er Gefallen an den Lehrsätzen und Beweisen. Er schrieb darüber später, das sei wie bei einem großen Stein, der oft hundert Schläge benötige, bis er auseinander bricht. Wären allerdings nicht schon 99 Schläge zuvor erfolgt, gelänge dies nicht. Es sei wie mit der Nahrung: So wenig die Speise im Körper bleibe, sei es auch mit dem Lernstoff, den man sich angeeignet hat. Würde man das meiste behalten, sei es eine große Last, das Vergessen dagegen sei eine Erleichterung. Dazu zitiert Flattich den Prediger Salomo: »Viel Wissen macht Grämen« (vgl. Prediger 1, 18; Roos, S. 260).

Im Unterschied zu nicht wenigen anderen Studenten mied Flattich Ablenkungen und suchte sich gerade auch in seinem geistlichen Leben weiterzubilden. Sein erster Biograf Ledderhose brachte darüber in Erfahrung: »Er entzog sich allem Leichtsinn und Eitelkeit und fürchtete sich, jemand zu gefallen.« Doch genau diese Haltung zog ihm die Achtung und Liebe seiner Professoren zu, so dass sie den Studenten, der auf einen Nebenverdienst angewiesen war, gerne als Hauslehrer bei angesehenen Familien vermittelten. Hier tat er seine ersten Schritte als Lehrer; hier erwachten seine pädagogischen Neigungen und entwickelten sich anfangsweise seine erzieherischen Fähigkeiten, zunächst vor allem auf dem Gebiete der Mathematik. Schon bald erwies sich der Theologiestudent als begabter und begnadeter Erzieher, was fortan sein Leben kennzeichnen und auszeichnen sollte. Das zentrale Motiv hierzu wurzelte in seiner biblisch gegründeten unbeirrbaren Liebe, besonders zur Jugend. Dabei kam es ihm keineswegs auf eine Bezahlung an; vielmehr unterrichtete er zahlreiche junge Leute »umsonst, nur weil ich dienen wollte«.

Wie geschickt er dies anfing, zeigt folgende Begebenheit: Flattich hatte den Sohn eines Doktors zu unterweisen, dessen Denkfähigkeiten sehr zu wünschen übrig ließen. Statt nun, wie sonst üblich, Sprachen zum Unterrichtsgegenstand zu machen, begann Flattich mit einfachen Kopfrechen-Aufgaben. Außerdem holte er Studenten herbei, die mit dem Schüler Mühle und Dame spielen durften. Nach sechs Wochen derartiger Betreuung erhob der Vater des Schülers Einspruch gegen diese Art von Unterricht und wollte sie ihm verbieten. Doch Flattich entgegnete ihm: »Wenn ich den Sohn informieren (unterrichten) soll, muss Er mir Freiheit lassen. Ich machte fort und führte ihn in die Mathematik ein. Nachdem ein halbes Jahr verflossen war, ging ich mit ihm zu den Studien über. Da lernte er dann leicht.«

Solche eigenwilligen Methoden finden sich von da an oft bei Flattich (wie nachfolgend immer wieder zu berichten sein wird).

Über den *Lernvorgang* äußerte sich Flattich in seinen späteren Schriften ausführlich. Er stellte fest, dass man durch Hören leichter auffasse als durch Lesen. Außerdem sei es wichtig, aus Fehlern zu lernen und sie solange verbessern zu lassen, bis man es endlich richtig mache. Das Gedächtnis arbeitet unbewusst, weshalb Pausen erforderlich sind. Flattich verglich dies mit dem Essen, das mit dem Kauen der Speisen beginnt, zum Schlucken führt und unmerklich die Verdauung nach sich zieht. Wie den Magen, so solle man auch das Gedächtnis dabei nicht überladen. Die Zeit zur Wiederholung des Gelernten ist nicht vergeudet; besonders Prediger sollten sich dessen befleißigen, da sie viele Sprüche und Lieder aus ihrer Jugend sonst vergessen.

Jeder wähle dabei die beste Art des Gedächtnisses; selbst das mechanisch Gelernte, noch nicht Verstandene kann später zum Leben erweckt werden. Einbildungs- und Urteilskraft sind ebenso zu pflegen. Flattich übersah nicht, dass die Gaben, etwas behalten zu können, verschieden ausgeprägt sind. Beim täglichen Üben soll ein gewisses Maß nicht überschritten werden, weil es sonst dem Schüler »entleidet«. wird. Vergleichen und Nachdenken sind dabei gemäß den verschiedenen Gedächtnisformen altersmäßig und vielseitig zu fördern.

Lehrer sollen dazu ihre Schüler ebenso zur Selbständigkeit ermutigen, wie ein Baum dann wächst, wenn er seine Kraft aus dem Boden bezieht. Der Einfluss guter Mitschüler ist dabei für den Einzelnen sehr wichtig, so wie die Sonne auf den Mond und zur Erde strahlt. Man erleichtere jungen Menschen das Lernen, lasse es ihnen zur Freude werden, damit sie Appetit dafür bekommen.

Das rein abstrakte Denken fiel dem Studenten Flattich nicht leicht; er gab sich viel Mühe dabei. Als Vikar auf dem Lande merkte er dann rasch, wie nötig die Anschaulichkeit sei, um von den einfachen Hörern verstanden zu werden. Dies habe ihn, berichtete er später, viel Mühe, Überwindung und Übung gekostet. Als sein Dekan einmal nicht mit Flattichs anschaulicher Predigtweise einverstanden war, hielt ihm dieser das Wort der Heiligen Schrift entgegen: »... was wir gesehen haben mit unseren Augen, was wir betrachtet haben und unsere Hände betastet haben, vom Wort des Lebens ..., das verkündigen wir auch euch ...« (1. Johannes 1,1–3).

Seit seiner Studentenzeit predigte und schrieb Flattich möglichst verständlich, einprägsam und bilderreich. Dabei bediente er sich auch »grober Schnitzkunst«, ohne den Fehler von »Schnitzern« zu machen. Er wollte die Herzen seiner Zuhörer im guten und biblischen Sinn erwecken, ohne den Schwerpunkt auf das Tadeln und Mahnen wegen vorhandener Mängel zu legen, wenngleich sich dies manchmal auch als notwendig erweisen sollte. Unter Berufung auf das Vorbild der Apostel wollte Flattich die Menschen als Erstes zum Glauben führen und erst dann auffordern, »die Werke der Finsternis« abzulegen. Dementsprechend sah er es als richtige Vorgehensweise an, die Leute auf dem Umweg vom »wilden« zum »ehrlichen Heiden«, dann zum »Juden« zu machen und erst daraufhin zum Christen hinzuführen. Äußerst beherzigenswert war für Flattich die Beobachtung, dass Gott alles fein und zu seiner Zeit sehr langsam tue, »der Teufel aber ist ein Hudler [d. h., jemand der schlampig, nachlässig arbeitet]« (vgl. Württembergische Väter, S. 91).

Aus seiner Tübinger Studentenzeit blieb dem jungen Flattich besonders eindrücklich, was er dann als älterer Mann niederschrieb: Damals hatte Professor Georg Bernhard Bilfinger in einer Rede zum Beruf des Pfarrers geäußert, ein Geistlicher sei derjenige, der andere Menschen zu Christen mache. Sei er aber selbst kein solcher, so sei ihm dies nicht möglich. Daher wünschte sich Flattich nicht, ein Apostel oder Missionar zu werden, sondern nur ein brauchbarerer geringer Geistlicher.

Seine innere Einstellung zum Pfarrdienst beruhte seit dieser Zeit unverändert auf dem Entschluss: Will jemand ein Priester Christi sein, so hat er sein Vermögen, seine Ehre, Gesundheit und sein Leben gänzlich zum Wohl anderer Menschen einzusetzen und hinzugeben.

In späteren Jahren wurde Flattich die Beständigkeit im Amt immer wichtiger. Wenn er auch »keinen Turm bauen« könne, dann wenigstens »eine Hütte«.– Dabei bestand damals kaum Aussicht, vor dem 35. Lebensjahr eine ständige Pfarrstelle zu erhalten.

Zwei Jahre nach Studienbeginn legte Flattich am 31. Oktober 1735 die Magisterprüfung an der Universität, wieder zwei Jahre danach, im Dezember 1737, die kirchliche Anstellungsprüfung vor dem Stuttgarter Konsistorium erfolgreich ab. Man gab ihm das Zeugnis, dass er über gute »Anlagen« und »Sitten« verfüge und auf dem Gebiet der Mathematik besondere Studien vorweisen könne.

Die leitende Kirchenbehörde entschied ab jetzt über seine weitere Laufbahn im Dienste seiner evangelischen Landeskirche Württemberg.

# 3. LEHRZEIT IN HOHENECK UND ERSTE STELLE IN HOHENASPERG

## Lehrzeit als Vikar in Hoheneck und als Drechsler in Ludwigsburg

*Der Ort »Hohen Eck«*

Wenige Wochen nach seinem wohlbestandenen kirchlichen Examen wurde Flattich dem Pfarrer Kapff in Hoheneck am Neckar bei Ludwigsburg (seinem Onkel, einem Bruder seiner Mutter) als *Vikar* zur Verfügung gestellt. Sein Schwager Ziegler war dort gestorben und hinterließ eine Witwe mit sieben Kindern. Zu diesen kam noch Flattichs Mutter vorübergehend ins Pfarrhaus. Über Flattichs Amtsführung wurde nur bekannt, dass er »zum Vergnügen der Gemeinde« gewirkt habe, welche zu seiner Zeit etwa 300 Glieder umfasste. Dagegen hatte er laut Brief an seinen Freund Pfarrer Hosch eine beschwerliche Zeit mit verschiedenen Krankheiten durchzustehen, wahrscheinlich durch Entbehrungen mit Schwächeanfällen während des Studiums hervorgerufen: »Weil Sie wissen wollen, ob ich auch Krankheit erfahren habe, so melde ich Ihnen, dass ich hierin vieles habe durchmachen müssen, nämlich mit kalten Fiebern, hitzigen Krankheiten, Engbrüstigkeiten und Hämorrhoidalzuständen.« »Schon in meinem 24. Jahr wurde ich hart an meinem Leibe angegriffen, so dass ich fünf Jahre lang nicht mehr studieren konnte, daher ich mich auch, um nicht ganz unbrauchbar zu sein, aufs Unterrichten legte« (Roos, S. 18).

*Das Pfarrhaus in Hoheneck, Flattichs Wohnstätte während seiner Vikarszeit*

Hierzu führte Flattich an anderer Stelle später rückblickend aus, dass die Kinder, die er zu unterrichten hatte, ungezogen, unbegabt sowie unterschiedlichen Alters und Geschlechts gewesen seien.

Dem einen sollte er das Lesen, dem andern das Schreiben, dem dritten die Einführung in die lateinische Sprache beibringen. Das alles und die Wahrung der Ordnung in der Schule waren dem jungen Vikar noch sehr fremd gewesen. Lange sei ihm, wie er eingesteht, die Lehrtätigkeit »sauer« angekommen. Er erkannte in seiner Unerfahrenheit und Ungeschicklichkeit den Grund für seine anfänglich übertriebene Strenge gegenüber den Kindern. Ihm fehlte nach eigenem Urteil auch noch die Erfahrung und Einsicht in die geistige Aufnahmefähigkeit seiner Schüler. Er hatte den Lehrstoff zu hoch angeboten, war nicht gründlich genug dabei vorgegangen, zu rasch weitergeeilt und in der Befolgung selbsterlassener Gesetze zu scharf gewesen. Entscheidend wichtig erschien Flattich jedoch die gegenseitige Freude zwischen Lehrer und Schülern, die ständige Bereitschaft des Lehrers, aus Fehlern zu lernen und aufgeschlossen und beweglich für Neues zu bleiben.

Flattich suchte seinen Gesundheitszustand durch Arzneimittel zu bessern. Da er aber, wie er mitteilte, »zum Glück nicht reich war«, musste er auf den Kauf und Gebrauch von Medikamenten verzichten und mit seiner Genesung Geduld haben. In seinem unbedingten Willen, gesund zu werden und seine Genesung zu fördern, nahm er eine Art *Lehrstelle im Drechslerhandwerk* in Ludwigsburg an. Anfangs habe er sich dort, wie er berichtete, krankheitsbedingt sehr ungeschickt benommen. Als ihm sein Meister unwillig vorwarf, er habe noch nie einen so ungeschickten Lehrling gehabt, da er doch ein Magister sei, erlernte er verstandesmäßig schnell alle erforderlichen Handgriffe, was ja – wie Flattich meinte – noch nicht viel beitrage, da man einfach nachmachen müsse, was der Lehrmeister anordnet. Dabei nütze es ihm gar nichts, sich dagegen aufzulehnen, um alles anders machen zu wollen. Dann kam ihm der Gedanke, wenn er einmal alles verstünde, könne er nach eigenem Belieben verfahren (Roos, S. 151). Die mit Fleiß und zunehmendem Geschick ausgeübte anstrengende Tätigkeit sowie der tägliche Fußmarsch nach Ludwigsburg und zurück kräftigten seinen Gesundheitszustand und trugen entscheidend zu seiner allmählichen Wiederherstellung bei.

In jenen Tagen erhielt Flattich das Schreiben einer vorneh men Persönlichkeit, die ihm für ihre Kinder eine Hauslehrerstelle mit

Aussicht auf eine spätere Professur anbot. Solches würde ja nicht jedem x-beliebigen zuteil werden. Als der junge Vikar mit seiner Mutter wegen dieser Offerte Verbindung aufnahm, riet sie ihm von dem doch so verlockenden Angebot kategorisch mit der Begründung ab, ihr Sohn dürfe nicht mehr werden als ein Dorfpfarrer. Mag ihm das zunächst nicht zugesagt haben, so hielt er sich doch daran und dankte ihr später oft für diese Haltung, »denn die Hofmeister werden meist das kostbare Leben gewöhnt, das ihnen an Seele und Leib schadet«. So wartete also Flattich geduldig, welche Pfarrei ihm die Weisheit seiner Vorgesetzten zuweisen werde.

*Kirche in Hoheneck, wo Flattich 1738–1742 als Vikar wirkte*

Onkel Kapff bat beim Konsistorium nicht weniger als viermal darum, die Pfarrei Hoheneck seinem Neffen zu übertragen, »weil die Gemeinde ein besonderes Vertrauen und Liebe zu ihm hat« (und weil Pfarrer Kapff für seine Schwester und deren kinderreich verwitwete Tochter Vorsorge treffen wollte!). Diese Anträge wurden samt und sonders abgelehnt, ebenso auch Flattichs eigene Bewerbung, die er nach dem Tode seines Onkels (Dezember 1741), des bisherigen Gemeindepfarrers, einreichte. Auch die Beurteilung des zuständigen Ludwigsburger Dekans, Flattich sei ein beliebter Prediger, kam ihm ebenso wenig zustatten wie eine Bittschrift des Schultheiß und Gemeinderats von Hoheneck, ihn mit dem dortigen Pfarramt zu betrauen. Vielleicht hielt man im Konsistorium zu Stuttgart den Stellenbewerber für ungeeignet, vielleicht aber auch für eine bessere Pfarrei qualifiziert. Demzufolge musste Vikar Flattich die ihm lieb gewordene Stelle in Hoheneck verlassen.

## Als Garnisonsprediger auf dem Hohenasperg

1742, im Alter von 29 Jahren, wurde Johann Friedrich Flattich aufgrund seiner Bewerbung und in der Tradition seines gleichnamigen Onkels, der Garnisonspfarrer in Kehl gewesen und mittlerweile verstorben war, zum Garnisonsprediger auf der Festung Hohenasperg bei Ludwigsburg ernannt. Es handelte sich dabei um eine Art bessere Vikarsstelle zur Betreuung der dort stationierten Offiziere und Soldaten. Im nahe gelegenen Städtchen Asperg hatte er nur gelegentliche Vertretungsdienste. Außerdem befand sich auf dem 355 m hoch gelegenen Berg, der 90 m aus ebener Landschaft hervorragt, das bereits erwähnte württembergische Staatsgefängnis.

*Hohenasperg*

Nicht nur Gesetzesbrecher, sondern mancher wackere Mann hatte dort eine auf jeden Fall lange und nicht selten sehr strenge und harte Gefängnishaft abzusitzen. Im Jahr 1755 brach unter der Besatzung eine Meuterei aus. Drei der Rebellen wurden daraufhin an einer

Linde im Hof der Festung erhängt, zwei außerhalb der Wälle erschossen. Ein Lied beklagte das traurige Geschick der Gefangenen: »Auf den Bergen wohnt die Freiheit, auf dem Asperg aber nicht.«

Da die Besatzung mal etwas mehr, mal etwas weniger Leute zählte, aber stets verhältnismäßig klein war, blieb Flattich genügend Zeit, seine erzieherischen Gaben zugunsten der geringen Zahl von Offizierskindern zur Entfaltung zu bringen.

## Flattichs Heirat

Kurz nach erfolgter Amtsübernahme war es Flattich möglich geworden, die *Ehe* einzugehen. Seine Auserwählte war Christina Margaretha Groß (geb. am 9. Juni 1721) aus Murr bei Marbach/Neckar, wo ihr Vater Pfarrer gewesen, aber schon gestorben war. Sie wurde von ihrer Tante ins Nachbarpfarrhaus von Steinheim/Murr aufgenommen. Entweder hat Flattich sie dort kennen und lieben gelernt oder im Hause von Johann Albrecht Bengel. Bei der Wahl seiner Frau legte er großen Wert auf die Zuneigung, nicht jedoch auf deren Besitz. Ihn freute die christliche Grundhaltung seiner Braut wie auch der Tatbestand, dass »sie kein Vermögen besaß und deshalb auch weniger in Gefahr stand, in Eitelkeit und Weltsinn verflochten zu sein«. Als Flattich nach der Wahl seiner Braut alsbald offen vorgeworfen wurde, er hätte auch eine Frau mit größerem Vermögen heiraten können, erwiderte er: »Wenn ich mich behelfen und mit einer Wassersuppe vorlieb nehmen will, geht es niemand etwas an« (Roos, S. 21).

Noch vor der Hochzeit hatte Flattich die Geduld seiner Braut in Gegenwart von Besuchern auf eine harte Probe gestellt. Er versetzte ihr nämlich ganz unvermittelt eine Ohrfeige. Sie reagierte keineswegs zornig, sondern sanftmütig. Da wusste er, dass sie auch künftig seine leicht aufbrausende, bisweilen unbeherrschte Art ertragen konnte.

Um solchen spontanen Gefühlsausbrüchen künftig nicht ungehindert ihren Lauf zu lassen und um auch nichts Unüberlegtes zu sagen, gewöhnte sich Flattich jene Redensart an, die er nie mehr ablegen sollte, mit der er vielmehr die meisten seiner Sätze und Bemerkungen begann, ja, die er sogar in Predigten benutzte: »Do han i do jetzund ...«

Ebenso wie diese Worte wurden auch jene bekannt, die er im Blick auf seine Frau zu sagen pflegte: »Weil ich dich genommen habe, so muss ich dich jetzund haben, und weil ich dich haben muss, so will ich dich auch gern haben« (Roos, S. 22).

## Flattich über die Ehe

An dieser Stelle seien weitere *Gedanken Flattichs zur Ehe* eingeschoben, die er in einer gleichnamigen Schrift, allerdings zu einem späteren Zeitpunkt aufgezeichnet hat und an die er sich selbst allezeit halten wollte.

In seiner Schrift über die Ehe (Roos, S. 119 ff.) zeigt sich – wie bei anderen noch zu besprechenden Schriften – Flattich als ein Schriftsteller mit logischer, anschaulicher, bilderreicher, verständlicher und stets bibelbezogener Darstellung seiner Gedanken, Erfahrungen und Ratschläge.

Größten Wert legte er auf die Absichten, mit denen eine Ehe geschlossen wird. Sollten diese unlauter sein, »braucht sich niemand zu wundern, wenn hernach Eheleute einander nicht mögen und es die übelsten Folgen hat«. Wer nur wegen des Vermögens heirate, nehme gewissermaßen ein Stiefweib dazu. Es galt für Flattich, zu stetem Lernen in der Ehe bereit und willig zu sein. Ebenso wie bei einem Weinberg komme es darauf an, sogleich mit entsprechender Pflege zu beginnen, auch wenn dies wehtue.

Das gegenseitige Verhalten beruhe auf Frieden und Nachgiebigkeit. Sonst könne es zu einem »Vogelstreit« kommen. Dies sei der Fall, wenn sich Mann und Frau über einen Vogelnamen streiten, beide am Jahresende sich gegenseitig zuerst diese Narretei gestehen, dann aber wieder auf ihrem jeweiligen Standpunkt beharren, wodurch der unnütze Streit aufs Neue vom Zaun gebrochen wird. Vielmehr empfahl er, was er auch selbst in seiner Ehe beherzigte: »Wenn ihr Friede haben wollt, so hütet euch vor den *ersten* Händeln« (Roos, S. 21).

Folglich riet Flattich einem vornehmen Herrn, der bei ihm über einen Ehestreit klagte, der Klügere im Haus solle nachgeben. Ob er der Gescheitere sei? Als dieser bejahte, gestand er zugleich, wie schwierig es doch sei, bei einem Ehestreit klein beizugeben.

Flattich vermerkte in einem seiner Tagebücher, die *Liebe* bewahre die Achtung der Partner in der Ehe, und ohne diese habe eine Ehe keine lange Dauer. Einem Kollegen riet Flattich von einer dritten Ehe ab, denn mit seiner unzufriedenen Lebenseinstellung errege er nur Angst und Unwillen. Wenn man sich nicht »modeln«, sich nicht verändern lassen wolle, entstünden leicht Zwistigkeiten. Man solle stets gerecht und nicht nach Ansehen und äußerem Schein urteilen.

Den *Ehemann* bewahre Weisheit und Liebe vor Gewalttätigkeit. Als ein Mann gegenüber Flattich meinte, gute Worte nützten bei seiner Frau nichts, sie brauche Prügel, fragte ihn Flattich, ob er denn ein Eseltreiber sein wolle; ein Esel brauche Schläge, ein Mensch nicht.

In einem schlechten Weinjahr tröstete der Pfarrer die Frau eines Alkoholikers, sie solle Gott danken, dass ihr Gatte jetzt weniger trinken könne und daher gescheit bleibe. Es sei sehr schwer, von der Trunksucht frei zu werden, es sei denn, man bekehre sich von ganzem Herzen.

Demgegenüber hüte sich die *Ehefrau* vor dem Fehler, ihren Mann zu beschimpfen, weil sie sich sonst selbst einen Schandfleck anhänge. Mache sie ihren Gatten zum Bärenhäuter, so sich selbst zur Bärenhäuterin. Durch eine unordentliche Haushaltsführung, Unpünktlichkeit beim Essen und Lieblosigkeit treibe sie ihren Mann selbst ins Wirtshaus.

Bei der Heirat seiner eigenen Tochter gab ihr Flattich die Warnung mit, sie solle nicht der Katze gleichen, die gerne schleckt, dann maunzt, um wieder zu schlecken; sie solle nicht nach gutem Essen und guten Tagen Verlangen haben, sonst sei sie selbst ein solches Tier.

Seine eigene Ablehnung prächtiger Kleidung und eines aufwendigen Haushalts ließ ihn zugleich zwischen Notwendigem, Nützlichem und Schönem unterscheiden. Er zeigte an der biblischen

Geschichte der wunderbaren Speisung durch Jesus, dass dieser nachher nicht jedes einzelne Brösamlein, sondern nur die Brocken aufheben ließ. Flattich wollte damit von übertriebener Ordnungssucht abraten. An Abraham mit über 300 Knechten suchte er zu verdeutlichen: Je größer ein Haushalt sei, umso größer sei auch der Segen und umso mehr lerne man.

Flattich meinte, eine Ehefrau sehe im Allgemeinen nicht ein, was sie an ihrem Mann habe, bis dieser sterbe und sie für alles allein sorgen müsse. So bleibe ihr nur das Vertrauen, dass Gott für sie und ihre Kinder sorge und sie glauben lerne, dass der große Gott sich der Menschen wahrhaftig annehme. Eine Frau solle sich bemühen, ihrem Gemahl eine gute Gehilfin zu werden und ihn auch in seinem Beruf fördern; sonst würde sie ihn hindern.

Über *Kinder* führte Flattich aus, sie sollen von ihren Eltern als Segen angenommen werden, sonst würden sie einem zum Fluch. Er warnte davor, allzu große Pläne mit ihnen zu fassen, denn das bringe vermehrte Sorgen. Eine Edelfrau wies der Pfarrer auf ein armes Kind hin, das ohne Schuhe mit einem zerrissenen Kleid dennoch fröhlich spielte, so dass es jede Kleinigkeit, »jedes Steinle und Steckele« erfreue. Erst beim Älterwerden rege sich Hochmut und weiche die Zufriedenheit.

Gelegentlich schrieb Flattich *Briefe zur glücklichen Geburt* eines Kindes, wobei er auf die eingetretene Veränderung der häuslichen Verhältnisse einging. Um der Liebe willen werde man dann auch Dinge tun und sich manches gefallen lassen, was man sonst ablehne. Über die weitere Zukunft seiner Kinder solle man sich ebenso wenig Sorgen machen wie um den Wein in Jahren. Erziehe man Kinder gut, bekämen sie später auch eine rechte Versorgung. Einen Pfarrer aus Rielingshausen warnte Flattich, seine Tochter aus erster Ehe mit seiner zweiten Frau zusammen das Haus versehen zu lassen, denn dies werde nicht gut gehen. Im übrigen machte Flattich zur Genüge von dem Sprichwort Gebrauch: »Kleine Kinder, kleine Sorgen – große Kinder, große Sorgen.«

Man solle nicht nach größeren Dingen trachten, sonst werde man missvergnügt. Flattich selbst wollte keine Freude an Dingen haben, die ihm nicht persönlich gehörten, weil sonst der Wunsch nach ihrem Besitz erwache. Ihm war auch das Vergeben und nicht das Richten eine ganz wichtige Angelegenheit.

Schließlich warnte Flattich vor dem Ehebruch, forderte Bescheidenheit in der Lebensführung und wünschte Freude in Ehe und Beruf. »Pflege ich zu sagen: Was und wo man ist, soll man nur gerne sein.« Wichtig war ihm außerdem die gegenseitige Umgänglichkeit unter den Frauen. Ferner erkannte er auch deutlich die Problematik, wenn mehrere Frauen unter einem Dach zusammenleben, z. B. »Söhnerin und Schwiegerin«. Deshalb zitierte er das Sprichwort: »Wenn ein Haus so groß ist wie der Rhein, so gehört eben ein einziges Weib darein.« (Vgl. zum Ganzen Roos, S. 119 ff.)

## In Ehe, Familie und Haushalt

Seit der Gründung seiner eigenen Familie nahm das Ehepaar Flattich fremde Leute in sein Haus auf. In Hohenasperg waren es Stabsoffiziere als Kostgänger. Dabei lernte der Pfarrer, dass seine Predigt nur dann etwas erreicht, wenn er sich auch im Alltag um die Leute kümmerte. Er eignete sich bei diesen Gelegenheiten eine deutliche, unverblümte, vereinfachende, manchmal auch grobe, derbe Sprache an.

Wenn in einem Hausstand etwas zu beanstanden war, fragte Flattich stets nach der Treue zwischen den Eheleuten; denn wenn diese fehlte, sei dies der »Hauptbutzen«. Ein rechter Hausvater solle sich nach dem Beispiel Jesu richten: »... nicht mein, sondern dein Wille geschehe« (Lukas 22,42). Er dürfe also nicht meinen, Frau und Kinder müssten sich allezeit seiner Meinung unterwerfen. Diese Regel sei zwar leicht zu verstehen, aber schwer auszuführen. Auf Dauer bleibe einer »Herr im Haus«, auch wenn er zuweilen der Narr im Hause sei. Indem er sich alles gefallen lasse, gewöhne er sich daran und finde sogar den Vorteil dabei.

Diese Haltung sollte in Flattichs Ratschlägen als Seelsorger wie als Ehemann hinreichend auf den Prüfstand gestellt werden.

Dass trotz aller redlichen Absichten anfangs auch in der eigenen Ehe Streitigkeiten vorgekommen sind, gab Flattich unumwunden zu. Er prüfte sich dann, wieso dies trotz gegenseitiger Liebe geschehen konnte. Da merkte er, dass seine eigene, zu geringe Beschäftigung und der ständige Umgang mit seiner Frau die Ursache dafür war. Flattich konzentrierte sich deshalb – wie er selbst mitteilte – aufs Unterrichten und konnte daher nicht länger auf alle Kleinigkeiten achten, die zuvor Streit ausgelöst hatten. Auch der Umgang mit Gästen und Schülern im Haus trug wesentlich zur Einigkeit in der Ehe bei.

Dennoch klagte Frau Flattich eines Tages über ihre starke Belastung durch den großen Haushalt. Sie forderte von ihrem Gatten, er solle diesen verringern. Flattich erwiderte ihr daraufhin, dass das Haus zwar schnell abgebrochen, aber nicht rasch wieder aufgebaut sei. Vielmehr schlug er seiner Frau vor, sich zur Probe sechs Wochen im Obergeschoss des Hauses aufzuhalten, ohne sich um den Haushalt zu kümmern. Sie könne höchstens ein wenig stricken, nähen oder lesen. Nach vierzehn Tagen hielt es Frau Flattich nicht mehr länger aus. Sie finde an der Einsamkeit keinen Nutzen, könne seither keine Liebe, Geduld und Sanftmut ausüben und wolle deshalb doch wieder in den Haushalt zurückkehren. Fortan führten die beiden Eheleute laut Flattichs Zeugnis eine harmonische und glückliche Ehe.

## Flattichs Aufgaben im Pfarramt

Aus der Beschreibung seiner pfarramtlichen Tätigkeit lassen sich die Hauptaufgaben entnehmen, wie sie jedem württembergischen Pfarrer jener Zeit an jedem Ort aufgetragen sei: Vor allem andern war dies für eine Kirche des Worts die Verkündigung desselben an Sonn-, Feier- und Festtagen; während der Woche waren Betstunden sowie die sog. »Kasualien« (Taufen, Trauungen und Beerdigungen) abzuhalten. Dazu gehörte auch die Unterweisung der Jugendlichen im Katechismus und deren Konfirmation.

Dies alles wurde jährlich im Frühling durch eine Visitation des Dekans begutachtet, ebenso die damals der Kirche unterstellte Schule mit (in Münchingen bis zu drei) Schulmeistern, zu denen Flattich stets ein gutes Verhältnis hatte. Obwohl die entsprechenden Visitationsberichte nicht zuletzt wegen ihrer gleich lautenden Formulierungen auch beschönigt sein könnten, wollen wir sie im Falle ihres auch sonst sehr aufrichtigen Verfassers in ihrem Wortlaut ernst nehmen. (Über davon abweichende Äußerungen des visitierenden Dekans sei an anderer Stelle berichtet.)

Flattich war aufgrund seines Amtes auch im weltlich-geistlichen Gremium der unteren örtlichen Gerichtsbarkeit, dem sogenannten Kirchenkonvent, als Vorsitzender neben dem Schultheiß monatlich einmal tätig. Darüber war jedes Mal eine genaue Niederschrift anzufertigen. Dabei ging es um die Ahndung von Vergehen gegen die Gebote Gottes und die kirchlichen Sitten sowie um das Schul- und Armenwesen am Ort. Neben der Heiligung des Sonntags und dem Benehmen im Gottesdienst stand das Verhalten in und vor der Ehe im Mittelpunkt. Da damals viele Menschen wegen fehlender materieller Voraussetzungen nicht heiraten durften, kam es zu zahlreichen unehelichen Schwangerschaften, die der Kirchenkonvent zu ordnen hatte. Außerdem veranlasste das infolge steigender Armut um sich greifende Bettelwesen den Konvent, viel darüber zu beraten und zu beschließen. Flattich machte sich wegen der ständigen Vermehrung der Bevölkerung Sorgen um den Lebensunterhalt der Nachkommen. Seine Ratschläge zur Haushaltsführung seien daher an passender Stelle angeführt. Da sie vor allem aus dem Erfahrungsbereich seiner nächsten Gemeinde entnommen sind, werden sie dort wiedergegeben (siehe »Zum rechten Haushalten, Besitzen und Sorgen«, S. 55-60). Schon jetzt können sie vorwegnehmend auf den Hauptnenner gebracht werden: Konsumiere nicht zu viel und verlasse dich auf Gottes Segen!

Zur Garnisonsgemeinde vermerkte der Spezial (d. h. der Dekan) bei der Visitation 1742 (laut Heimatbuch Asperg, S. 611): »Garnisonsprediger M. Johann Friedrich Flattich, 28 Jahre, im Dienst seit erst zwei Monaten, hat 389 Seelen, bereits guten Eingang bey seinen Zuhörern gefunden, die auch melden lassen, dass sie wider ihren neuen Lehrer in Lehre und Leben keine Klage haben. Es gab 25 Schulkinder, Besoldung reicht die Fürstliche Verwaltung Markgröningen, die auch die Pfarrwohnung richtete.« Im Jahre 1743 waren es 511 Seelen, ein Jahr später nur noch 108; im Jahre 1746 hatte ihre Zahl infolge der kriegerischen Ereignisse auf 51 abgenommen.

Am 19. April 1743 berichtete das Kirchenregister, dass wegen eines Mordes der mit Flattich gleichaltrige Grenadier Kugler vom Hochfürstlichen Leibprinz Württemberg Kreis-Infanterie-Regiment außerhalb der »Vöstung Hohenasperg allhier arcebusiert und begraben wurde«. Gehörte es zu Flattichs Auftrag, dem Missetäter auf dessen letztem Gang geistlichen Beistand zu leisten? Dies kann bezweifelt werden, da jeder Hinweis darauf fehlt.

Im Protokoll des Synodus von 1744 heißt es über den Garnisonsprediger Flattich: »Seye er nach dem Zeugnis des Commandanten fleißig, Zire auch sein Amt mit einem exemplarischen Wandel, setzt seine Studien fleißig fort, besonders in Mathesis.« In derselben lobenswerten Weise wird 1746 geurteilt: »Ist in der Lehre rein, im Amt fleißig und im Leben unanstößig, besonders ausgezeichnet in Mathematicus.«

Kurz vor dem Umzug wurde dem Pfarrersehepaar das erste Kind geboren: das Töchterchen Regina Veronika (geb. 15. Oktober 1746). Als Besoldung gab Flattich täglich einen halben Gulden an, womit er sehr zufrieden war, weil kein Tagelöhner soviel Geld verdiene. Von allen Seiten wurde ihm nun empfohlen, einen Nebenverdienst anzustreben. Er meinte jedoch: »Ich kam sehr gut fort und schränkte mich ein, hielt fünf Jahre keine Magd, wiewohl ich Offiziere in Kost hatte« (Roos, S. 23).

Dann folgte – nach fünfjähriger Wirksamkeit unter der Festungsbesatzung und erfolgreich bestandener Prüfung beim Konsistorium – Pfarrer Flattichs Wechsel in ein neues Aufgabengebiet. Eins sollte ihn jedoch in die neue Gemeinde begleiten: Hier wie dort herrschte unter vielen seiner Gemeindeglieder große Armut, die er nach Kräften zu lindern und zu beheben suchte. Dabei schien es ihm unerlässlich zu sein, den Ursachen dieses Elends auf den Grund zu gehen.

In späteren Jahren kehrte Flattich zu gelegentlichen Besuchen von Gefangenen, etwa des eingesperrten Dichters Schubart, auf den Hohenasperg zurück. Dieser wurde deshalb als »höchster Berg Württembergs« bezeichnet, weil die Rückkehr der Häftlinge von dort entsprechend einer Mindeststrafe nicht vor drei Jahren erfolgen konnte. Auch Flattichs Zeit auf dieser Feste belief sich auf drei Jahre.

# 4. PFARRER IN METTERZIMMERN

## Die neue Gemeinde

Die Pfarrgemeinde Metterzimmern, oberhalb des Metterbaches, eines Nebenflusses der Enz, am Ostrande des Strohgäus gelegen, zählte (laut Angabe im Heimatbuch Münchingen, S. 342) zur Zeit Flattichs nur 280 Seelen. Sie lag 8 km südwestlich des Oberamtsstädtchens Besigheim (und ist heute ein Stadtteil von Bietigheim-Bissingen). Man lebte auf weniger fruchtbaren Böden bei Landwirtschaft und Weinbau eher kärglich, so dass sich viele Leute mit Betteln in Nachbarorten durchzubringen versuchten.

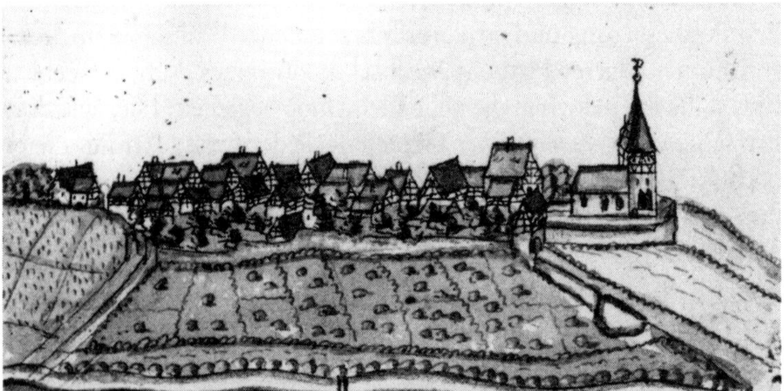

*Metterzimmern*

## Flattich im Kampf gegen die Armut

Dem wollte der neue Pfarrer rasch Abhilfe schaffen und die Leute zu Fleiß und Sparsamkeit anhalten. Er war als tatkräftiger Christ und biblisch fundierter Prediger nicht geneigt, dem vorherrschenden Müßiggang, verbunden mit verbreiteter Bettelei und mangelhafter Haushaltsführung, unverrichteter Dinge zuzusehen, die Verhältnisse in der Gemeinde also einfach als gegeben und unveränderbar hinzunehmen. Aus diesem Grunde wandte sich der neue Pfarrer sogleich an den Schultheiß und die »Richter« (Gemeinderäte) und empfahl ihnen, sie sollten doch die Leute anleiten, sich entsprechend zu bessern. Als aber diese Amtsträger dazu nicht bereit waren, gab er ihnen zu bedenken: »Befehlen und Strafen ist keine Kunst.« Die Pflicht der Obrigkeit bestehe stattdessen hauptsächlich in dem Versuch, den Untertanen unter den gegebenen Umständen im materiellen Bereich zu helfen.

Als dies jedoch nicht geschah, griff Flattich in eigener Person mit Rat und Tat ein. Er tat dies nicht nur aus Mitleid mit den armen Leuten. Vielmehr erkannte er ganz klar, dass die Predigt allein bei ihnen nichts ausrichten könne. Für ihn als aufrichtigen Christen musste zum Wort die Tat der Liebe hinzukommen, damit es ungehindert wirken konnte. So ließ er z. B. bald als »Arbeitsbeschaffungsmaßnahme« einen zwar geschickten, aber arbeitslosen Uhrmacher die renovierungsbedürftige Kirchenuhr instand setzen. Um seinen Gemeindegliedern ein Vorbild abgeben und sie zugleich sachkundig beraten zu können, erwarb der Pfarrer Güter und Weinberge in eigener Regie und versuchte, deren Erträge zu steigern. Ihm lag viel daran, seine Gemeindeglieder bei ihren eigenen Bemühungen zu unterstützen und zu fördern. Zugleich mahnte er in seinen Predigten, die zweifache Sünde zu lassen, nämlich selbst betteln zu gehen und die eigenen Kinder dazu anzuleiten. Im Wort Gottes heiße es vielmehr, dass man im Schweiße seines Angesichts sein Brot essen und auf diesem von Gott befohlenen Weg seinen Segen erwarten solle, um so den eigenen Lebensunterhalt zu verdienen. Keinesfalls dürften die Gemeindeglieder ihre Kinder durch Bettelei auswärts zur Landstreicherei und Faulheit verführen.

Als Pfarrer Flattich in diesem Sinne wieder einmal sehr streng von der Kanzel herab seinen Gemeindegliedern ins Gewissen geredet hatte, besuchten ihn anschließend einige arme Familienväter und klagten ihm: »Er hat gut reden, sehe er nur einmal bei uns in unserem Haushalt nach, wie klein und schlecht unser Stückchen Feld ist und wie wenig es einträgt, und sind doch die Kinder alle Tage hungrig und wollen essen.« Da gab ihnen Pfarrer Flattich zu bedenken: »Ihr Leute seht von eurem Acker immer nur die untere Seite an; da seht ihr freilich nichts wie Steine und dürre Erdenklöße. Seht nur auch einmal die obere Seite davon an. Das ist der Himmel, und der steht über eurem Stücklein Feld ebenso groß und weit und breit da als über unseres gnädigsten Herzogs Landen. Wenn du betest und arbeitest und Gott vertraust, so wird dir dein klein Stück Land gerade soviel eintragen als dem gnädigsten Herzog sein großes: nämlich soviel, dass du ebenso gut satt werden kannst wie er. Ihr Leute haltet's gar zu gerne mit dem Nimmerspar, dessen Hauslehre die ist: Iss frisch darein, solang du kannst. Hast du nichts mehr, so haben doch die anderen Leute. Gott aber will fleißige und getreue Knechte auch im Haushalten, und solchen segnet er auch ihr Weniges« (Ledderhose, S. 11 ff.).

Er machte seinen Zuhörern klar: »Der liebe Gott hat nicht gesagt, ich will bloß das Viele segnen, dass es zulangen (d. h. ausreichen) soll. Mit so wenigem, als der Michel da auf seinem Streiflein Feld baut, lass ich mich nicht ein; sondern mit sieben Gerstenbroten und ein wenig Fischlein speiste der Herr Christus viertausend Mann und blieben noch sieben Körbe voll Brocken übrig.«

Pfarrer Flattich war sich also vollkommen darüber im klaren, dass er mit bloßen Worten seiner Predigten die bestehenden schlimmen Verhältnisse nicht bessern oder gar beseitigen konnte. Deshalb begann er mit praktischen Maßnahmen, die nicht nur seinem eigenen wachsenden Haushalt zugute kommen sollten, sondern möglichst allen im Dorf. Flattich lieh sogar seinen Bauern das erforderliche Geld, damit sie sich Saatgut beschaffen konnten.

Die Gemeinde nahm sich solches mehr und mehr zu Herzen. Viele schämten sich jetzt wegen ihres bisherigen schlechten Lebenswandels; das Bettelunwesen der Erwachsenen und danach auch der Kinder hörte auf. Sie sahen am Ende ein, »dass beim Arbeiten ebenso viel, ja noch mehr herauskommt als beim Betteln, und dass das Brot, welches im Schweiße des Angesichts erarbeitet ist, besser schmeckt als das Bettelbrot« (Ledderhose, S. 12). Die Leute wurden dankbar für Flattichs Mahnungen und suchten immer öfter seinen Rat in Angelegenheiten ihrer Haushaltsführung sowie im Blick auf eine Steigerung der Erträge des Weinbaus und der Landwirtschaft. Ihr Pfarrer erschloss ihnen auch Quellen des Nebenerwerbs und versuchte zu zeigen, wie man einteilen und sparen kann. Gott segnete dieses redliche Bemühen bei ihm und seiner Gemeinde. Diese veränderte sich zur großen Freude Flattichs aus dem ursprünglichen Zustand der Verwahrlosung in jenen einer fleißigen, redlichen Gemeinschaft in der Verantwortung vor Gott und den Menschen.

## Zum rechten Haushalten, Besitzen und Sorgen

Flattich beobachtete und bemerkte bei verschiedenen Anlässen in einigen Äußerungen, dass Leute mit gutem Einkommen im Allgemeinen viel mehr klagten als Bedürftige. Je größer ein Haushalt sei, umso besser könne man den Umgang mit Bediensteten lernen. Wer nicht glaube, dass es treue Menschen gebe, könne dies auch nicht von sich selbst annehmen. Im Herrenstand lerne man deshalb weniger treue Leute kennen, weil sie davon fernblieben. Viele vermögende Frauen würden sich in ihrem Haushalt bloß mit Putzen, netten Manieren und Ergötzlichkeiten abgeben, so dass das Vermögen schwinde. »Genug« besitze nie genug, Reiche wollten immer noch reicher werden. Wer sich für gescheit halte, nehme von dem nichts an, den er nicht auch für gescheit halte. Von einem ebenfalls für gescheit gehaltenen Menschen lasse er sich jedoch zum Nachdenken bringen. Zugleich solle man sich davor hüten, anderen Leuten zu Gefallen sein zu wollen. Das Wichtigste dabei war für Flattich die Aufrichtigkeit und das Meiden von Intrigen.

Wer es immer besser haben will, bleibt stets unzufrieden und wird nicht glücklich, sondern leicht neidisch und feindselig gegenüber anderen Menschen, die es seiner Ansicht nach besser haben. Um seine Töchter vor diesem Fehlverhalten zu bewahren, ließ sie Flattich viel lernen. Mit Geduld solle man dazu die künftig notwendigen Kenntnisse vermitteln.

Erkrankt jemand, wird ihn Angst und Todesfurcht schwächen. Deshalb muss ihm durch Mittel geholfen werden. Der beste Doktor indessen ist ein guter Mut.

Pfarrer Flattich hielt die Medizin in manchen Fällen für unumgänglich und zitierte in diesem Zusammenhang die apokryphe Schrift Jesus Sirach: »Wer vor seinem Schöpfer sündigt, der soll dem Arzt in die Hände fallen« (Sirach 38,15). Erkrankte einer von Flattichs Zöglingen, so konnte der Erzieher dessen Unarten leichter ertragen und sich für seine Genesung bedanken.

Flattichs *Schrift über die »Hausregeln«* ist zu entnehmen, wie er über die Haushaltsführung dachte, was er im Blick auf den Umgang mit Geld und Hauswirtschaft vorgeschlagen und selbst praktiziert hat. Dabei wollte er sich an die Erfahrung halten: »Geben ist seliger als nehmen« (Apostelgeschichte 20,35). Deshalb sollte es ein Pfarrer mit seiner Einnahme des Zehnten nicht so genau nehmen, sondern bedenken, dass Jesus nicht forderte: ›Nehmet viel!‹, sondern: ›Gebet viel!‹ Sonst gewinnen Pfarrer wenig Zutrauen bei ihrer Gemeinde.

Als ihm seine Magd heimlich »hinter den Wein ging« (also unerlaubterweise davon nahm), schickte er sie nicht fort, denn (so sagte er zu ihr): »Wohin du kommst, wird man dich wieder entlassen. Ich muss dich daher solange behalten, bis du das Stehlen und Trinken verlernt hast« (Roos, S. 63).

Flattich setzte sich in seinen »Hausregeln«, die erst nach seinem Tode (also lange nach seiner Zeit in Metterzimmern) veröffentlicht wurden, selbst als Maßstab seines Handelns und gab als Leitsatz an, was er stets auch schon in Metterzimmern weiterempfohlen hatte: »Nicht viel brauchen, so darf man nicht viel erwerben, sonst (hat man) viel Sorgen.« An Martha und Maria in der Bibel (Lukas 10,38–42) könne man lernen, sich für Gottes Wort als dem »guten Teil«, dem Kostbarsten, Zeit zu nehmen, nicht aber für eine kostspielige Haushaltung.

Als einmal General Harling im Schloss Münchingen Flattich fragte, weshalb das Hausgesinde so viel Verdruss bereite, und auf Abraham verwies, der mit 300 Knechten besser ausgekommen sei als er mit einer einzigen Magd, antwortete ihm der Pfarrer mit seiner Lebensregel: »Schlicht und recht.« Er kommentierte diesen Grundsatz so: Zerbreche das Personal ein goldgefasstes wertvolles Glas, so schlage man es, schicke es weg, ziehe etwas am Lohn ab; dagegen bedeute der Verlust eines schlichten, einfachen Glases wenig. Genau so werde man hart gegen vornehme Kinder, die nicht auf ihre Kleidung aufpassten. Deshalb sei Schlichtes zu bevorzugen, dann könnten sie nicht viel verderben und man brauche nicht streng gegen sie zu sein. Das Ergebnis solcher Gedanken fasste Flattich in dem einen Satz zusammen: »Je mehr man hat, desto mehr muss man sich Mühe geben, nichts davon zu verlieren«, sei es Geld oder Gut. Dagegen hätten es die Armen besser, weil sie sich nicht um so viel sorgen müssten.

Darauf kommt Flattich auch in seinen »Hausregeln« zu sprechen und er zählt dann vier Arten von Sorgen auf: nämlich solche um die Nahrung, die Wollust, den Reichtum und die Ehre. Von diesen seien die beiden letztgenannten die schlimmsten, weil sie dem Hochmut entspringen und nach Ansehen streben. Gott gab dazu auch keine Verheißung, vielmehr die Mahnung, sich mit Nahrung und Kleidung zu begnügen. Wolle man mit seinem eigenen Stand zufrieden sein, brauche man nur auf Leute zu sehen, die es schlechter haben. Flattich gestand in diesem Zusammenhang, dass er sich dabei sogar schämte, weil es ihm im Vergleich zu diesen Ärmeren so gut gehe. Junge Leute sollten deshalb nicht zum Streben nach irdischem, verderblichem Glück erzogen werden. Flattich befolgte in eigener Person diesen genügsamen Lebensstil anschaulich und glaubhaft. Gerade beim Essen – so meinte er – solle man sich nicht zum Sklaven anderer Leute machen, sondern sich zurückhalten (eine gewiss modern gebliebene und gesundheitsfördernde Empfehlung!).

Dass Flattich nicht nur andere ermahnen, sondern eigene Fehler erkennen konnte und korrigieren wollte, zeigte er an folgender Begebenheit aus seinen ersten Amtsjahren in Metterzimmern: Persönlich Laie in der Arbeit in seinem Weinberg, überließ er dies einem redlichen Weingärtner und Bürger. Statt nun diesen Mann verdienterweise – und wie eigentlich zu erwarten wäre – zu loben, beanstandete er, dass ein einzelner Pfahl nicht korrekt im Boden stecke. Deshalb hatte der Weingärtner die Freude an seinem Auftrag verloren. Hieran erkannte Flattich, dass er im Umgang mit anderen Leuten nicht vorsichtig genug sein könne.

Im Blick auf Pfarrer in seelischen Nöten riet er, was natürlich ebenso für andere Leute galt, Mut zu machen, statt ihnen den Mumm zu nehmen, wie man überhaupt im Leben auf Gefahren achten müsse, um dasselbe nicht zu verlieren. So sei die Ermutigung das beste Mittel gegen die Schwermut.

Nach Gottes Wort galt es für Flattich zweierlei zu beachten: nämlich zufrieden zu sein mit dem, was man hat, und im Segen zu arbeiten. Gott gibt zwar den Verstand, um ein Feld richtig zu bebauen, aber auch die günstigen Wetterbedingungen. Daraus zog der Pfarrer die Lehre, für sich selbst habe man den Glauben, für die andern den Verstand. Auch hänge die Glückseligkeit nicht von einer erreichten Position im Leben ab, sondern davon, ob jemand guten Mutes sei. Deshalb könne mancher Arme ohne große Sorgen um seinen Besitz zufriedener und glücklicher sein als ein Reicher. Bedenklich stimme auch, dass Letzterer im Neuen Testament keine Zustimmung finde. Beim Erwerb sei das Wohlfeilste, was das längste Gedeihen habe.

Flattichs »Hausregeln« zeigen, dass er »rechtes und gutartiges Gesinde« noch sorgfältiger auswählen wollte als das Vieh. Er legte besonderen Wert auf die Tüchtigkeit seines Hauspersonals, fragte nach Familie und Erziehung jedes einzelnen seiner Bediensteten und wollte sich dabei – wie einst der König Salomo – nach den Treuen im Lande umsehen. Er wies auf Josefs Vorbild hin, dessen gottesfürchtiges Dienen viel Segen in das Haus Potiphars und des Pharaos gebracht hatte. Deshalb liebte es Flattich auch sehr, viele Leute um sich im Haus zu haben. Manche unter ihnen gereichten ihm zum Segen. Der Mensch will Nutzen aus seiner Arbeit gewinnen – wie Gott, von dem es heißt: Er »sah an alles, was er gemacht hatte, und siehe, es war sehr gut« (1. Mose 1,31). Daher diene auch eine Magd am liebsten auf dem Land, weil sie hier die Frucht ihrer Arbeit sehen könne.

Als sich gerade eine solche Magd bei Flattich um eine Stelle bewarb, wollte er von ihr wissen, ob sie auf seinen Befehl hin 15mal am Tag treppauf, treppab gehen würde. Als sie dies bejahte, wies Flattich sie ab mit der Begründung: »Ihr seht nur auf den Lohn, eine ehrliche Magd aber will etwas von ihrer Arbeit sehen.« Auch ein hoher Lohn bewahre nicht vor Unlust bei der Arbeit, wenn diese ein nutzloses Geschäft sei.

Tüchtige Tagelöhner, die Flattich in Metterzimmern dringend benötigte, fehlten ihm. Er prüfte jeden Bewerber in seinem Garten, indem er ihm befahl, einen stattlichen Birnbaum zu fällen. Wer dazu bereit war, den schickte er wieder weg. Entgegnete jedoch einer, es sei doch eine Sünde und Schande, dies zu tun, er mache sich ein Gewissen daraus, so hielt Flattich ihn für treu und zuverlässig und stellte ihn ein.

Bloßes vernünftiges Rechnen mit dem Besitz reicht nicht aus, um ihn zu erhalten und zu vergrößern. Darüber wurde Flattich eines Tages selbst belehrt, als er eine alte, verwitwete Nachbarin tadeln wollte, weil sie den Diebstahl ihres Obstes durch arme Kinder nicht sehen, geschweige denn verhindern und dem Einhalt gebieten wollte. Diese alte Frau, die sonst nur vom Flachsspinnen lebte, führte nämlich ihren Seelsorger an die bestohlenen Bäume in ihrem Garten. Sie wies ihn auf die oberen Äste hin, die reicher beladen waren als benachbarte Bäume, erkannte darin Gottes Segen und sagte freundlich zu Flattich: »Sieht Er, die armen Kinder von den Nachbarsleuten können doch nicht da oben hinauf, sondern nehmen sich bloß die Äpfel und Birnen, die unten dranhängen. Und die kann ich ihnen ja gerne vergönnen, denn die Kinder sind hungrig, und was ich unten hergebe, hängt mir der liebe Gott oben wieder an« (Ledderhose, S. 13 f.). So hatte Pfarrer Flattich von der einfachen Witwe eine Lektion über wahres Gottvertrauen erhalten.

Als eine andere Frau Flattich um Geld gebeten und er sie abgewiesen hatte, da er selbst keines habe, und wenn er es besäße, es behalten müsse, da er schon achtmal verschuldet gewesen sei, äußerte sie sich erstaunt, solches hätte sie nicht von ihm vermutet. Sie fuhr fort: »Ich bin ein armes Weib, und wenn mir Gott ein Unglück schickt, muss ich es mir gefallen lassen. Er ist dagegen Pfarrer und will sich kein Unglück gefallen lassen.« Als er darüber nachgedacht hatte, gab Flattich der Frau recht. Wer immer nur auf reiche Menschen sehe, werde nie zufrieden. So solle man auch nicht auf den Turmhahn klettern wollen, weil man doch nicht zu ihm hinaufkäme und leicht falle, sondern man sehe besser auf den Boden. Er wolle daher stets bescheiden bleiben.

Pfarrer Flattich bemühte sich als Seelsorger lange Zeit vergeblich um einen immer wieder rückfällig gewordenen Trinker. Als er ihn erneut streng mahnte, erwiderte dieser: »Herr Pfarrer, Sie können ja auch ihr Schnupfen nicht lassen!« Daraufhin versprach ihm Flattich, in Zukunft auf den Schnupftabak zu verzichten, wenn sein Gegenüber nicht mehr trinke. Das kam auch tatsächlich von da an nicht mehr vor.

Eines Tages fragte der Seelsorger Flattich in Metterzimmern einen arbeitslosen Geiger, der seinen Sohn schlug, weil dieser erfolglos vom Betteln nach Hause gekommen war, ob er denn mit seiner Violine genauso streng umgehe, wenn er mit seinem Geigenspiel nicht viel verdient habe. Zugleich führte der Pfarrer den Jungen zu dessen Vater mit den Worten: »Das ist Seine Geige, behandle Er sie mit aller Schonung und Liebe. Lass Er das Kind nicht dafür büßen, dass Ihn der Herrgott ins Unglück gestürzt hat« (Schwarz, S. 7).

Die genannten Beispiele zeigen, dass das spätere Urteil des Dekans über seinen Münchinger Pfarrer genau zutrifft: »Weiß mit den Gemütern der Menschen klüglich umzugehen und mit Geduld der rechten Zeit abzuwarten. Solches kommt ihm auch bei der fleißigen Arbeit in seiner Gemeinde zugut« (Hagen, S. 67).

## Flattich beginnt sein »Informationswerk«

Konsistorialdirektor Schäfer in Stuttgart befragte eines Tages den anwesenden Pfarrer Flattich über den Stand der Schule in Metterzimmern. Flattich sah seine Aufrichtigkeit auf die Probe gestellt und antwortete in der ihm eigenen Weise unerschrocken: »Eben mittelmäßig, weil viele Kinder im Sommer nicht viel zur Schule kommen, da sie teils schaffen, teils die Kinder hüten müssen. Da sagte er mir, ich solle genau die vom Konsistorium vorgeschriebene Schulordnung halten. Ich sagte darauf, ich wolle es tun, wenn er mir jährlich dreihundert Gulden dazu gebe, denn im Waisenhaus könne man Schulordnung machen und halten, weil die dortigen Waisenkinder ernährt und gekleidet werden.« Gebe er ihm also das Geld zur Versorgung der armen Kinder in Metterzimmern, so könne man dort auch die bestehenden Vorschriften für die Schule einhalten. Hierauf erwiderte der Herr Direktor, man gebe zwar vom Konsistorium Gesetze auf das Land, aber ein ehrlicher Pfarrer müsse überlegen, was davon durchführbar sei.

Zu dieser Zeit begann Pfarrer Flattich mit dem, was er sein *»Informationswerk«* nannte, nämlich junge Leute in sein Haus als Kostgänger und Schüler aufzunehmen. Darüber berichtete er, die meisten Eltern würden ihre Kinder lieber bewährten Schulmännern anvertrauen als einem Mann, der erst soeben mit einer neuen Erziehungseinrichtung begonnen habe. So bekam Flattich zunächst vorwiegend minderbegabte oder verhaltensgestörte Schüler bzw. Kinder von vermögenslosen Eltern ins Haus, so dass er in den ersten Jahren viel Ärger hatte, manchen Undank erntete und finanziellen Schaden erlitt. Jedoch lernte er laut eigenem Eingeständnis aus dieser Unvollkommenheit mehr, als wenn alles glattgegangen wäre. Bereits in Metterzimmern erkannte Flattich, dass es unmöglich ist, sich mit jedem seiner Zöglinge intensiv zu befassen, da sein Dienst als Pfarrer in der Gemeinde, manche Krankheit, zahlreiche Besucher im Pfarrhaus und seine Nebenerwerbslandwirtschaft ihn daran hinderten.

Mancher seiner Schüler wurde ihm wieder genommen, sobald Flattich Erfolge mit ihm erzielt hatte: galt doch sein Unterrichtswerk als Besserungsanstalt für schwer erziehbare Kinder und damit nur als ein Übergangsangebot zu einer öffentlichen Schule. Flattich beurteilte sich in den Augen solcher Eltern selbst als »ein bloßer Gutgenug«. Seit seinen ersten pädagogischen Bemühungen wurde ihm deutlich, wie wichtig die Erziehung zur Selbständigkeit und Selbstbeschäftigung seiner Schüler ist.

Er verglich diese pädagogische Aufgabe mit einer Leiter, die an einem Baum lehnt. Sie hilft den Jungen selbst hinaufzusteigen; sie brauchen nicht vom Lehrer erst mühsam hinaufgeschoben zu werden. Seit Metterzimmern wurde es für Flattich immer wichtiger, die Schüler stets gleichmäßig und gemäß ihren individuellen Fähigkeiten zu unterrichten. Dabei habe er – so räumte er im Rückblick ein – anfangs in ihrer Motivation öfters mehr verdorben als gutgemacht. Das Aufrechterhalten der Ordnung bereitete ihm mehr Schwierigkeiten als die Vermittlung des Lehrstoffes.

## Familie und Hausstand

Inzwischen wuchs in Metterzimmern Flattichs eigene Familie ständig: Den Eheleuten wurden nach ihrem ersten Kind *Regina Veronika* fünf weitere Kinder geboren, die am Leben bleiben sollten: *Helene Maria* (geb. 29. August 1748), *Andreas Friedrich* (geb. 22. Dezember 1752, später mit der Stuttgarter Pfarrerstochter Dann verheiratet und in Engstlatt bei Balingen Pfarrer), *Christian Ludwig*, genannt »Louis« (geb. 7. Oktober 1756; er wurde später der Amtsnachfolger des Vaters in Münchingen), *Beata Regina* (geb. 9. November 1757; sie heiratete 1775 den verwitweten Pfarrer Philipp Matthäus Hahn, berühmt als Theologe und Techniker, der damals in Kornwestheim und von 1781 bis 1790 in Echterdingen wirkte; von Hahns und ihrer Tochter Beate Paulus wird noch die Rede sein). Am 24. Juni 1759 folgte als letztes Kind *Elisabetha Friederike*, die nach nur zweijähriger Ehe nach dem Tod ihres Mannes und der eigenen Mutter den dann verwitwet gebliebenen Vater Flattich bis zu dessen Heimgang treu versorgte. Zur Hausgemeinschaft gehörte anfangs auch noch Flattichs betagte Mutter, die an ihrem Lebensabend kindlich geworden war. Sie starb 1756 im Alter von 76 Jahren.

Um die stark angewachsene Hausgemeinschaft von 20 und mehr Personen richtig versorgen und seine Unterweisung der jungen Leute wie beabsichtigt durchführen zu können, begann jetzt Pfarrer Flattich aus finanziellen Gründen einen Handel mit dem Wein zu betreiben, der ihm aus dem »Kleinen Zehnten« zustand. Da er dies aber als unpassend für einen Pfarrer empfand, wird er dieses Geschäft bald wieder aufgegeben haben. Übrigens hatte sich Flattich den

Genuss des von ihm selbst sehr geschätzten Weines dadurch abgewöhnt, dass er täglich dessen Maß reduzierte. Während von Flattichs weltlichem Tun in den jährlichen Visitationsberichten des Dekans von Besigheim nichts zu lesen ist, heißt es regelmäßig über die Tätigkeit Flattichs: »Hat viele Schüler, informiert gern junge Leute.«

Aus den erhalten gebliebenen Protokollen des Konsistoriums, hervorgegangen aus den inzwischen verloren gegangenen Visitationsakten, wurde der Gemeinde Metterzimmern immer wieder bescheinigt, dass in ihr alles in Ordnung sei. Wie passt dies zu den vielen Missständen, die Pfarrer Flattich eigentlich an seiner Gemeinde beklagen musste? Selbstverständlich ging Flattich jeweils den üblen Dingen auf den Grund, musste aber dabei feststellen, dass an diesen Zuständen meist nicht die Gemeindeglieder schuld waren, sondern dass dies an den schlimmen Folgen des vorausgegangenen Polnischen Thronfolgekriegs (1733–35/38) lag. Während dieses militärischen Konflikts waren mehrfach Armeen durch die Gegend gezogen, und die Leute waren aus Angst in die Wälder geflohen. Hinzu kamen die Jagddienstbarkeiten der Bevölkerung für das herzogliche Revier um Asperg und den Stromberg. Vogt und Bürgermeister von Bietigheim baten daher den Herzog um Steuernachlass mit der Situationsschilderung: »Die Teuerung steigt, und die Gläubiger treiben Schulden ein. Menschliche Zungen können das unablässige Winseln und Lamentieren der armen Landleute nicht aussprechen« (Hagen, S. 66). Dem Antrag wurde nicht stattgegeben.

Diese bedrückende Situation bewog wohl Pfarrer Flattich, nur das weiterzuberichten, was seine Gemeinde nicht belastete, sich aber zugleich um eine Besserung des Elends zu bemühen. Er nahm auch den Tadel in Kauf, zu wenige Sitzungen des Kirchenkonvents abzuhalten und die von diesem Sittengericht verhängten Geldstrafen nicht einzutreiben. Mit solchen Maßnahmen war Flattich nicht einverstanden, da sie sich gegen ohnehin Notleidende richteten. Um zu vermeiden, dass der Kirchenkonvent möglichst weitere solche Strafen verhängte, ließ ihn sein Vorsitzender eben nicht oft einberufen.

Mit dieser Gesinnung wird auch verständlich, dass sich Flattich bei einem Visitationsessen mit hohen Herren nicht wohlfühlte, denn er dachte, damit nichts für die Ewigkeit getan zu haben.

Als er noch am selben Tag unterwegs etwa 30 mittellose Erntearbeiter auf dem Weg ins Rheintal ohne warmes Essen antraf, lud er alle zu sich ein und verköstigte sie reichlich, im Glück über diesen Abschluss des sonst so wenig sinnvollen Visitationstages.

## Stellenwechsel – auf höhere Anweisung hin

Inzwischen hatte Pfarrer Flattich sein Amt 13 Jahre lang gewissenhaft und segensreich in der Gemeinde Metterzimmern wahrgenommen. Da diese ihm sehr ans Herz gewachsen war, hatte er lange Zeit keinen Versuch unternommen, eine bessere Stelle mit einem höheren Einkommen zu erhalten, obwohl ihm dies doch im Blick auf die angespannte Versorgungslage seiner zahlreichen Familienmitglieder und der ihm anvertrauten Kostgänger niemand hätte übel nehmen können. Als er sich schließlich um eine günstige Versetzung bemühte, blieben alle entsprechenden Versuche ergebnislos. So erteilte ihm der stets kurz angebundene Direktor des Konsistoriums Frommann den sehr aufschlussreichen Bescheid: »Sei Er froh, da Er Pfarrer in Metterzimmern ist. Da taugt Er hin, und unterstehe Er sich nicht, Seine Augen höher zu heben« (Roos, S. 24).

Doch die allerhöchste Instanz sorgte durch eine weltliche für die Veränderung zum Besseren. Als nämlich kurze Zeit später Herzog Carl Eugen seinem geliebten Jagdvergnügen in der Gegend um Metterzimmern nachging, vernahm er – es war ein Sonntagmorgen – von allen Kirchtürmen der Umgebung das festlich-feierliche Glockengeläute, das zum Gottesdienst einlud. Während er sonst nicht allzu eifrig solchem Ruf zu folgen pflegte, erwachte in ihm diesmal der Wunsch, einen Gottesdienst zu besuchen. So sprach er zu seinem Reitknecht: »Wenn ich nur einen guten Pfarrer wüsste, ich ginge zu ihm in die Kirche.« Sein Diener, der aus Metterzimmern stammte, war wohl selbst von den Predigten seines Pfarrers ergriffen worden, denn ohne lange überlegen zu müssen antwortete er seinem Herrn mit Freuden: »Dort in dem Ort vor uns ist ein guter Pfarrer, er heißt Flattich.« Der Herzog ritt daraufhin kurz entschlossen mit seinem Bediensteten ins bezeichnete Dorf und mischte sich unter die Zuhörerschar, während der Reitknecht die Pferde zu beaufsichtigen hatte. Von der Predigt stark beeindruckt und angesprochen, begab sich der Herzog sogleich nach dem Ende des Gottesdienstes zu Pfarrer Flattich ins Pfarrhaus. Seine Grußworte lauteten ganz unvermittelt: »Hör Er, der erste gute Dienst, der aufgeht, ist Sein.«

Zwar hätte der Herzog als katholischer Landesherr dem Religionsvertrag mit den Landständen entsprechend dazu kein Recht gehabt, so in die inneren Angelegenheiten der evangelischen Landeskirche einzugreifen. Merkwürdig bleibt immerhin auf jeden Fall, dass sich für Flattich sehr bald tatsächlich eine neue und ertragreichere Stelle – nämlich in Münchingen – auftun sollte. Denn zum einen hatte er ja – wie berichtet – kein großes Ansehen beim Konsistorium, und zum anderen hatten sich neben ihm nach und nach 26 Interessenten um diese Gemeinde beworben, darunter gewiss auch sehr qualifizierte. Also musste doch ein bestimmter Einfluss zugunsten von Flattich am Werke gewesen sein. Im Protokoll zu seiner Ernennung fehlte jede Begründung. So kann eine Steuerung dieser Personalsache durch den Herzog weder bestritten noch bewiesen werden – aber unter den gezeigten Umständen war sie allerdings sehr nahe liegend.

Bald nach seiner Ernennung traf Flattich erneut den Konsistorialdirektor, der ihm nicht wohl gesonnen war, und er konnte sich die Bemerkung nicht verkneifen: »Einen geringen Dienst hat man mir nicht geben wollen, jetzt hab' ich einen guten« (Roos, S. 24 f.).

Jene erste, äußerst folgenreiche Begegnung zwischen dem einfachen Pfarrer und seinem »durchlauchtigsten« Landesherrn sollte nicht die letzte bleiben – lag doch Herzog Carl Eugens unter eigener Leitung erbautes Schloss Solitude nicht allzu weit von Flattichs neuer Wirkungsstätte entfernt. Auch blieb der sich immer mehr ausbreitende Ruf des Münchinger Pfarrers seinem Fürsten keineswegs verborgen. Denn der Herzog hatte selbst größtes Interesse am Gebiet der Erziehung gewonnen, worin sich Flattich in seinem weiteren Leben speziell betätigen und bewähren sollte. Die in Metterzimmern begonnene besondere Betreuung von Kostgängern und deren Unterweisung erfuhr nämlich in Münchingen ihre Fortsetzung, ja ihre Ausweitung und eigentliche, wahrhaft geniale Vertiefung. –

Dass Flattich das Verhältnis der staatlichen zur kirchlichen Obrigkeit ganz und gar nicht unkritisch beurteilte, ist etwa seinem Brief an den Tübinger Stiftler und angehenden Repetenten Christian Adam Dann zu entnehmen. Hierin äußerte er seine Bedenken gegen anmaßende herzogliche Eingriffe in geistliche Anliegen. Da jedoch die Kirchendiener von den sonst üblichen Pflichten der Untertanen (etwa von der Jagdsteuer und von Frondiensten) befreit seien, sollten sie ihrerseits die ihnen übertragenen weltlichen Pflichten ihres Amtes gewissenhaft und brauchbar wahrnehmen, ohne sich dabei allzu sehr in weltliche Dinge einzumischen und sich dessen zu rühmen (Roos, S. 293). Deshalb dankte Flattich auch dem in seinem Bezirk zuständigen Oberamtmann, ihn in weltlichen Angelegenheiten weitgehend zu entlasten.

Auf sehr viele seiner Gesprächspartner in Metterzimmern muss Flattichs Charakter als der eines schlagfertigen, aufrechten und aufrichtigen Christen sowie bescheidenen Pfarrers einen tiefen Eindruck gemacht haben. Seine echte Gottesfurcht bewahrte ihn vor elender Menschenfurcht, seine gehorsame Abhängigkeit von Gott vor einer grenzenlosen Hörigkeit gegenüber irdischen Größen. Aufgrund der steten Verbundenheit mit seinem Herrn Jesus Christus konnte sich Flattich als Nachfolger Jesu bewähren, was im weiteren Verlauf seines Lebens – wie bisher schon – immer neu deutlich werden würde. In Metterzimmern hielt man Pfarrer Johann Friedrich Flattichs Andenken in Ehren; die Stadt Bietigheim-Bissingen ließ erst in jüngerer Vergangenheit an der Kirche eine Gedenktafel anbringen.

# 5. PFARRER IN MÜNCHINGEN

## Umzug nach Münchingen

Johann Friedrich Flattich war bereits 45 Jahre alt, als er am 9. November 1758 vom Konsistorium auf die Pfarrstelle Münchingen ernannt wurde. Zuvor hatte er vor der Kirchenleitung eine »höchst gediegene und ausnahmslos ansehnliche Predigt über Jesaja 50, 4« gehalten. Sein Vorgänger im Amt, Pfarrer Ploucquet, war nach nur zweijähriger Tätigkeit plötzlich verstorben. Nun sollte Flattich am 3. März 1760 seine Nachfolge antreten. Der Umzug seiner Familie mit sieben Kindern von Metterzimmern ins nahegelegene Münchingen musste durch die neue Gemeinde mit Fuhrwerken übernommen werden.

*Münchingen*

Als der neue Pfarrer und seine Familie im Februar 1760 in der Gemeinde einzogen, wurden sie von zahlreichen Gemeindegliedern empfangen. Bei dieser Begrüßung, so erzählte Flattich später oft, sei er sehr erschrocken und habe sich besorgt gefragt: »Was soll dir das bessere Brot, das größere Einkommen? Bist du auch einer solch großen Gemeinde gewachsen?« Um allen – gegenüber Metterzimmern verdoppelten – beruflichen Belastungen gerecht werden zu können, nahm Pfarrer Flattich in Münchingen auf eigene Kosten Vikare in Haus und Amt auf.

Zunächst hielt Flattich auch noch Gottesdienste im Grünen zwischen Metterzimmern und Münchingen für hörbereite Glieder aus beiden Gemeinden. Der Pfarrer fungierte hier als Wander- und Wüstenprediger, wobei er erkannte, dass im Reich Gottes die umständlichsten und krummsten Wege manchmal die kürzesten sein können. Ihm sei es ergangen wie einst dem jungen Saul, der Eselinnen gesucht und ein Königreich gefunden habe (1. Samuel 9). Das lasse er sich nicht mehr abhandeln.

Die Münchinger Gemeinde war voll guter Erwartungen, denn Flattichs Ruf war ihm aus Metterzimmern schon vorausgeeilt. Doch konnten die Münchinger die vielseitige Wirksamkeit ihres neuen Pfarrers natürlich noch nicht absehen. Denn diese bezog sich ja nicht nur auf Kirche und Kanzel, Krankenbesuche und Seelsorge, sondern mit seinem »Informationswerk«, seiner Privatschule, schlug Flattich ungewöhnliche, neue Bahnen in der Erziehungsarbeit an jungen Menschen ein. Dieser Wirkungsbereich Flattichs ist im Laufe der Zeit in den großen Strom moderner Pädagogik eingeflossen und darin in guter Weise aufgenommen worden.

Aus diesem Grunde wird schwerpunktmäßig in Münchingen Flattichs Werk sowohl an praktischen Begebenheiten als auch in seinen pädagogischen Schriften aufzuzeigen sein. Es geht dabei im Einzelnen um die Art, den Ort, die Aufgaben und Ziele der Erziehung sowie um die Schwierigkeiten dabei, um die Stellung des Lehrers, des Schülers und der Eltern, des Staates und die Bedeutung der biblischen Botschaft. Wegen des Umfangs dieser Bereiche soll darauf ausführlich und sachlich aufgegliedert in dem Kapitel eingegangen werden, das dem über Flattichs Zeit in Münchingen folgt.

## Die Münchinger Gemeinde

Zunächst soll aber von den *Lebensverhältnissen im Ort* die Rede sein. Das Pfarrdorf Münchingen (mit zwei kleinen Filialen: Hof Mauer und Glemsmühle) liegt in der äußerst fruchtbaren Landschaft des Strohgäus und konnte sich daher von der Landwirtschaft sehr gut ernähren. Die Gemeinde war also im Unterschied zu den bisherigen Stellen Flattichs durchaus wohlhabend und zählte bei seinem Dienstantritt 1760 insgesamt 929 Seelen (Heimatbuch, S. 343; laut Bericht des Dekans waren es 925). Diese Zahl schwankte in den folgenden Jahren leicht und stieg dann bis zum Todesjahr Flattichs 1797 trotz erhöhter Sterblichkeit und Wegzugs mancher Bewohner aus kriegsbedingter Not auf 1171 Personen an. (Flattich sollte also nicht weniger als 37 Jahre lang an diesem für damalige Verhältnisse großen Ort wirken!)

Das *Vermögen* der Münchinger belief sich laut Kompetenzbuch 1760 auf 50 Gulden Geldvermögen, 10 Scheffel Roggen, 30 Scheffel Dinkel, 12 Scheffel Hafer, 4 Scheffel Erbsen, 4 Simri Wein (etwa 90 Liter). Diese Aufzählung nennt sodann die Ansprüche des Pfarrers an Stroh, Holz, Heu, Obst, Rüben, Kraut, Hanf, Flachs, außerdem »an Neujahr vom Flecken ein Viertel Kalbfleisch«, insgesamt 253 Gulden und 29 Kreuzer. Die Naturalabgaben des sog. »Kleinen Zehnten« durch die Gemeindeglieder (das Vierfache von Metterzimmern!) und die Gelder zusammen bildeten also die Besoldung des Stelleninhabers.

Wie war *das Pfarrhaus* von Münchingen beschaffen und eingeteilt? Konnte es denn eine große Zahl von Bewohnern und Gästen überhaupt aufnehmen? Leider existiert das Gebäude heute nicht mehr, so dass der Frager nur auf eine alte Ansicht von Süden, aber auch auf einen von Münchinger Heimatforschern erstellten Plan angewiesen ist. (Zeichnung ist beigefügt mit freundlicher Erlaubnis von Herrn Rektor i.R. Gruber.)

Zu einem Bauernhaus war kein großer Unterschied festzustellen: Von den drei heizbaren Zimmern waren zwei sehr klein; ein eigener Brunnen fehlte. Jedoch stand das Gebäude frei und gesund, umgeben von Hofplatz, Pfarrscheuer, Küchengarten und der nahe gelegenen Kirche und Schule. Ein Grasgarten trug zur Versorgung von Kuh und Kalb bei; es wurde ja auch eine Vieh- und Landwirtschaft betrieben, die der Frau und einer Magd, notfalls auch einer Tagelöhnerin, viel zu schaffen gab. Durch die genau festgelegten jährlichen Abgaben war die Versorgung des Haushalts gewährleistet, wobei nicht nur an die eigentliche Familie, sondern auch an die etwa ein Dutzend Kostgänger und den jeweiligen Vikar zu denken war. Dieser wurde durch den Pfarrer zusätzlich mit einer bescheidenen Geldzuwendung bedacht.

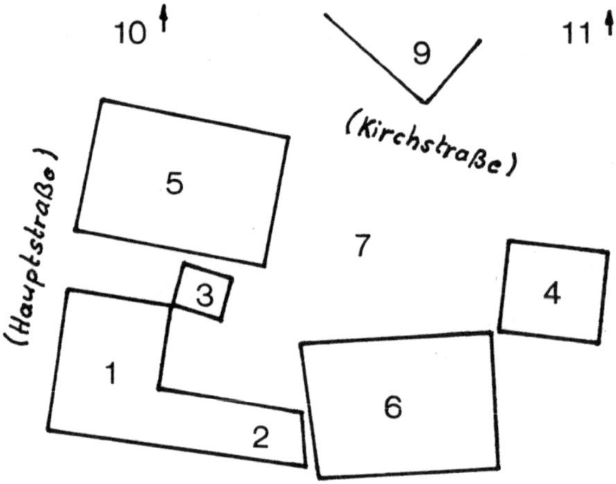


*Das Münchinger Pfarrhaus und seine Umgebung während Flattichs Amtszeit (1760–97)*

1: *Pfarrhaus (erbaut 1616/17, abgebrannt 1643, wiederhergestellt um 1645/50, 1883 abgerissen)*

2: *Pfarrhausanbau (»Flattichbau«), diente 1760–75 zur Unterbringung der Zöglinge Flattichs*

3: *Wasch- und Brennhaus (1883 abgerissen)*

4: *Pfarrscheuer (Abriss um 1816)*

5: *»Unterer Widdumhof« (erbaut 1757; Abriss 1985)*

6: *Wundarzt Beitters Haus (erbaut 1731; Abriss 1985)*

7: *Gemeinschaftlicher Hofraum*

*Heutige Gebäude:*

9: *Rathaus*

10: *Altes Schulhaus (Heimatmuseum)*

11: *Kirche*

## Flattichs Lebensführung in Münchingen

Flattich war ein ausgesprochen *gastfreundlich*er Pfarrer. Er liebte es, viele Leute in sein Haus aufzunehmen und um sich zu haben. Menschliche Gemeinschaft war ihm sehr wichtig. Unter Menschen fühlte er sich – wie er sagte – wohler als im Gefängnis oder in der Einsamkeit, denn er wolle sich in der Liebe üben und Freude an Menschen haben können. Empfinde er aber auch nur gegen eine einzige Person Widerwillen, überkomme ihn ein »Missvergnügen«; könne er aber alle lieben, so sei er »vergnügt«.

Diese Gastfreundschaft Flattichs hatte freilich auch ihre Grenzen. Als eine reiche Frau um Aufnahme in seinem Pfarrhaus gebeten hatte, lehnte er ab, da sein Haushalt sehr bescheiden sei und eine »ausgelassene Person« sehr schwer auf bessere Wege gebracht werden könne.

Als gern gesehener Gast neben vielen anderen Persönlichkeiten kehrte der Ludwigsburger Oberamtmann Kerner, Vater des Dichters Justinus Kerner, bei Flattich ein.

In seinen späteren Lebensjahren musste Flattich die Aufnahme von Kostgängern einschränken. 1784 lehnte er es ab, weitere Schüler bei sich unterzubringen. Er begründete dies auch damit, für die neu aufgekommene Art der Erziehung junger Leute nicht mehr zu taugen, denn diese bestehe darin, sie recht verschmitzt und galant werden zu lassen und sich dabei selbst beliebt zu machen. Zu dieser »Komödiantenart« sei er im Alter nicht mehr bereit.

Die *Kost* im Pfarrhaus war dieselbe wie in den Bauernhäusern, also recht einfach, bestand meist aus Mehlspeisen, hausgebackenem Brot sowie »Wasserknöpfle« und Kartoffeln. Süßigkeiten waren Flattich zuwider; er sagte, er wolle nicht damit belastet sein, als »Schlecker« in den Himmel einzugehen. Dagegen lebte die ortsansässige adelige Herrschaft des württembergischen Generalmajors Franz Karl *von Harling* (1727–1797) und seiner Gattin Wilhelmine Caroline sehr feudal. Pfarrer Flattich ist oft als Gast in ihr neues Schloss eingeladen worden.

Seine *äußere Erscheinung* vernachlässigte Flattich, so dass man in ihm, in dieser kleinen, wohl beleibten Gestalt kaum einen

Pfarrer, sondern eher einen Tippelbruder vermutete. Er berief sich dabei auf das Beispiel Jesu, der selbst in Knechtsgestalt erschienen war, weshalb das auch für seine geistlichen Nachfolger angemessen wäre. Als Kleidung trug man im Dorf nur an Festtagen die Tracht; die Männer waren sonst mit dem Bauernkittel (auch »Blauhemd« genannt) gekleidet. Wenn man also Pfarrer Flattich als »Salomo im Bauernrock« bezeichnet hat, so ist dies darauf zurückzuführen, dass er sich in seiner Kleidung nicht von der übrigen Bevölkerung unterschied. Das erklärt auch, warum er oft unterwegs nicht als Pfarrer erkannt wurde. Er verzichtete also trotz des einträglichen Dienstes auf ein äußerlich standesgemäßes Auftreten.

Von seiner Persönlichkeit mit ihrem ausdrucksvollen Antlitz zeigte sich der junge Christian Friedrich Spittler (geb. 1782), ab 1801 Sekretär der Christentumsgesellschaft in Basel, außerordentlich beeindruckt, so dass ihm die obige Beschreibung Flattichs zu verdanken ist.

Als Flattich beim Antrittsbesuch bei seinem neuen Dekan eintrat, war dieser höchst erstaunt, als ihm statt eines gemeldeten Bettlers sein alter Freund Flattich entgegengetreten ist. Ähnliches widerfuhr ihm in einem benachbarten Pfarrhaus; in einem Schloss wollte man ihn sogleich mit einem Stück Brot abfertigen. In Ditzingen hielt ihn eine Frau für den Münchinger Schuhmacher und war schon im Begriff, ihm ein Paar Schuhe zur Reparatur anzuvertrauen.

Fuhrleute in der Nähe des Aspergs vermuteten einmal, es handle sich bei Flattich um einen ausgebrochenen, steckbrieflich gesuchten Sträfling. Sie rieten ihm wohlmeinend, so schnell wie möglich zu verschwinden, da doch überall nach ihm gefahndet werde. Er aber erwiderte ihnen lächelnd: »Do han i do jetzund, ich bin freilich wie ein entlaufener Sträfling, aber ich will mich vor meinen himmlischen Richter stellen, ob er mich noch annehmen wird« (Roos, S. 32).

Eines Tages machten sich Offiziere in Gesellschaft des Münchinger Patronatsherrn, ihres Generals von Harling, über den abgetragenen Rock des ebenfalls anwesenden Pfarrers Flattich lustig. Einer spottete, dass dieses Gewand sehr fadenscheinig sei und allerlei Farben habe: »... es scheint, ihr liebt das Bunte.« Von anderen wurde Flattich als Raritätenhändler bezeichnet, der mit »Galanteriewaren« Geschäfte mache. Flattich bejahte zunächst, ein Krämer zu sein, und bot den Offizieren an, bei ihm zu kaufen, was sie dringend bräuchten. »Was ist das?« fragten ihn daraufhin die Herren. Seine Antwort kam prompt: »Ich merke, Euch fehlt's am Verstand, darum möchte ich Euch jetzt den Schnabel wetzen.« Da lachte General von Harling seine Offiziere aus: »Habe ich es Euch nicht gesagt, ihr sollt meinen Pfarrer in Ruhe lassen. Ihr werdet doch nicht mit ihm fertig« (Roos, S. 35).

Dass Flattich bei aller gebotenen Zurückhaltung auch eine derbe Sprache keineswegs scheute, zeigt etwa seine Bemerkung über die früher vorhandene Einigkeit der Pfarrer im Lande. Sie sei eben so fest gewesen, wie wenn man ein Schwein beim Schwanz gepackt und daraufhin die ganze Herde zusammengeschrien habe.

## Der unerschrockene Zeuge vor Herzog und Adel

Wenngleich im folgenden *Flattichs Verhältnis zur Obrigkeit* von Dorf und Land geschildert wird, so ist dies keinesfalls als Zeichen dafür zu deuten, als ob er wegen dieser Beziehungen den Umgang mit einfachen Leuten, ja auch mit den ärmsten Gemeindegliedern hintangestellt hätte. Bestehende Standesunterschiede konnte allerdings auch der Pfarrer nicht übergehen oder gar aufheben. Jeder musste sich mit der bestehenden »Vetterleswirtschaft« – der gegenseitigen Begünstigung einflussreicher Familien bei der Ämtervergabe – zufrieden geben. Jedenfalls wurde keine kritische Äußerung Flattichs zu diesen Zuständen überliefert. Geld und soziale Position bestimmten das Leben – bis hin zur Vergabe der Sitzplätze in der Kirche. Vorn im Kirchenschiff hatten die Reichen und die Dorfoberen ihre Plätze (zu Flattichs Zeit in Münchingen war das die regelmäßig den Gottesdienst besuchende Schultheißfamilie Schmalzriedt). Dahinter saßen die Ärmeren, und zuletzt folgten die Armen. Doch gerade für diese schlug Flattichs Herz. Zu den Ortsbehörden hatte der Pfarrer sowohl schon in Metterzimmern als auch später in Münchingen ein ungestört harmonisches und konstruktives Verhältnis, was ohne Anhaltspunkte des Gegenteils auch die Visitationsberichte nicht bezweifeln lassen. Eine solche Zusammenarbeit zwischen weltlicher und geistlicher Instanz steht einer Gemeinde zum Wohl aller ihrer Bürger gut an!

Gelegentlich ergingen *Einladungen des Herzogs Carl Eugen* an Flattich; der Landesherr wollte den Pfarrer bei Festlichkeiten und Empfängen in seinem Schloss Solitude nicht missen. Als Grund für solche Einladungen an den herzoglichen Hof gab Flattichs Biograf Ledderhose (vgl. Roos, S. 53 f.) die Belustigung der Gesellschaft an. Der Pfarrer sollte für eine gute Unterhaltung bei höfischen Zusammenkünften sorgen.

*Schloss Solitude*

Flattich selbst sah jedoch darin eine günstige Möglichkeit, die sonst nicht so leicht erreichbaren, in Luxus und Lastern schwelgenden höchsten Herrschaften unerschrocken aus der Sicht eines aufrichtigen Christen und Verkündigers ansprechen zu können. Carl Eugen spürte Flattichs von Gottes Geist durchdrungene Haltung. Er soll ihm gegenüber das Eingeständnis gemacht haben: »Was Ihm auch geschickt ist, Gutes oder Schlimmes, Er besteht. Ich will von Ihm lernen. Flattich, habt Dank!« (Schwabenköpfe, S. 21).

Eines Tages sollte Flattich zur Taufe im Haus eines Obersten auf der Solitude mit der Kutsche abgeholt und wieder nach Hause gefahren werden. Er ging aber lieber zu Fuß und sagte zu dem Kutscher, der bereits auf ihn wartete: »Ich danke Gott, dass ich laufen kann, die Krüppel und Elenden muss man fahren.« Als der Herzog das hörte, entschied er: »Wenn Flattich nicht fahren will, muss er wenigstens reiten.« Daher sandte er einen seiner Reitknechte vom Schloss Solitude ins nahe Münchingen mit dem strengen Befehl, den Pfarrer unbedingt reitend zu ihm zu bringen. Sonst würde der Diener 25 Stockschläge empfangen. Als der Knecht das Pfarrer Flattich ausgerichtet und ihn eindringlich gebeten hatte, ihn doch zu Pferd zum Herzog zu begleiten, weil er sonst die ihm angedrohte Strafe erleiden müsse, weigerte sich dieser mit der Begründung, in der Heiligen Schrift stehe: »*Gehet* hin in alle Welt«, nicht aber: »Fahret...« oder: »Reitet...« Zugleich sprach er ihm Mut zu: »Lass Er mich machen.« Dann lief er neben oder hinter dem reitenden Knecht bis zum Anstieg zur Solitude. Dort flehte ihn dieser an, er möge wenigstens die letzte Wegstrecke auf dem braven Gaul reiten. Der Herzog beobachte nämlich mit seinem Fernrohr von einem Balkon des Schlosses aus, ob der Knecht seinem Befehl gehorchte und den Pfarrer auf dem Pferd bringe; wenn nicht, treffe ihn unfehlbar die Strafe. Flattich jedoch blieb zu Fuß und beruhigte erneut den ängstlich besorgten herzoglichen Diener: »Lass Er nur mich sorgen.« Tatsächlich trat ihnen auf der Höhe des Schlosses der ergrimmte Herzog mit geschwungener Peitsche entgegen und wollte den zitternden Knecht damit züchtigen. Doch Flattich hinderte ihn daran mit eindringlichen Worten: »Euer Durchlaucht, das sind Narrenpossen! Kommen Sie lieber mit herein in Ihr Kabinett: Da haben wir von wichtigen Dingen miteinander zu reden.« Der Herzog, sonst nicht leicht von seinen Entscheidungen und Meinungen abzubringen, erließ dem Diener die angekündigten Prügel und folgte dem Pfarrer ohne Widerspruch.

Wie krass unterschied sich die Welt des Herzogs mit seinem prunkvollen Hofstaat und der sittenlosen und verschwenderischen Lebensweise von der äußerst bescheidenen, sparsamen und frommen Lebensart des Dorfpfarrers Flattich mit seinen abgetragenen Kleidern, abgetretenen Schuhen, ungepudertem Haar und schäbiger

Mütze! Sah der Biblizist Flattich im Staat Carl Eugens auch einen »babylonischen Zeitgeist« am Werk, dem man sich nicht unterwerfen dürfe, wenn er Gottes Geboten zuwiderlaufe, wobei Liebe, Gerechtigkeit und Barmherzigkeit missachtet werden, so erwies er doch der von Gott verordneten Obrigkeit den schuldigen Respekt.

Dies wiederum hinderte den Pfarrer keineswegs, Missstände offen anzusprechen und anzugehen, was ihm nicht nur Freunde einbrachte. Dabei machte er die Beobachtung, dass böse einfache Menschen der Wahrheit gegenüber nicht so verschlossen sind wie böse hohe Herrschaften. Zugleich zeigte Flattich viel Verständnis für die besondere Versuchlichkeit seines Landesherrn und ließ keine Gelegenheit aus, wo es möglich war, diesen in einem erfreulichen Lichte zu sehen und zu beurteilen, »Gutes von ihm zu reden«.

Seine unerschrockene Offenheit und zugleich seine unerschütterliche Sparsamkeit bewies Flattich, als er einmal bei Herzog Carl Eugen im Schloss Solitude eingeladen war. Dort erschien er nämlich nicht, wie es der Etikette entsprochen hätte, mit mehlgepuderter Perücke. Vom Herzog deshalb zur Rede gestellt, gab er zur Antwort, er brauche sein Mehl für die Spätzle – also nicht für die Frisur, sondern für die Mahlzeit.

Ein Bild zeigt, wie der Herzog zu Pferd dem schlichten Dorfpfarrer zu Fuß auf dem Weg von Münchingen nach Stuttgart begegnete. Der Herrscher fragte den Untertan, was er denn zu seinem Geburtstag gepredigt habe. Flattich erwiderte: »Do han i do jetzund, Euer Durchlaucht, was werd i predigt han? Dass Fürsten fürstliche Gedanken haben sollen.« Flattich zitierte hier ein Wort des Propheten Jesaja (32, 8) und spielte damit zugleich deutlich auf das Fehlverhalten Carl Eugens und seines Hofstaats an. Nachdenklich soll Serenissimus weitergeritten sein. Flattich war einer der wenigen in seinem Staat, von denen sich der Herzog die Wahrheit »mit Salz und Kraft« sagen ließ.

Diesem Pfarrer fehlte nie der Mut, notfalls auch den württembergischen Landesherrn offen auf Missstände aufmerksam zu machen. Dass er also keineswegs ein kriecherischer Fürstenknecht war, zeigt seine zwar respektvoll gehaltene, aber eindringliche Kritik an einer vom Herzog verfügten Steuererhöhung, die er in einer Eingabe an ihn über seinen zuständigen Dekan von Markgröningen weiterleitete. Darin brachte er seine Bedenken zu dieser geplanten Maßnahme des Landesherrn deutlich zum Ausdruck.

Auch im Blick auf die Bauten um Schloss Solitude, die von vielen Besuchern bewundert wurden, äußerte sich Flattich skeptisch: »Ich will warten, bis man es wieder einreißt« (Ledderhose, S. 45). In der Tat vernachlässigte Carl Eugen in seiner wenig beständigen Art in künftigen Jahren die Solitude zugunsten von Schloss Hohenheim. Seine Nachfolger ließen vieles beseitigen. Ein zum Abbruch bestimmtes Gebäude kaufte merkwürdigerweise die Gemeinde Münchingen als Armenhaus.

*Herzog Carl Eugen begegnet Pfarrer Flattich*

Die Tatsache, dass sich Durchlaucht von dem einfachen Landpfarrer Flattich aus Münchingen oft ungestraft mahnen ließ, bewog manche, besonders adlige Persönlichkeiten, anzuregen, der Pfarrer möge doch diese Gunst durch häufigere Besuche beim Regenten entsprechend ausnutzen. Flattich aber hielt dem entgegen: »Do han i do jetzund, ich fürchte die großen Hunde, die in großer Herren Höfen herumlaufen und schon viele Leute gebissen haben; sie könnten auch mich beißen.« Er befolgte damit auch den Rat seines eigentlichen Herrn, die Empfehlung Jesu: »Seid klug wie die Schlangen und ohne Falsch wie die Tauben« (Matthäus 10,16). Gewiss mag Flattich bei seiner Zurückhaltung auch die Weisheit des Volkes bedacht haben, wie sie sich im Sprichwort zeigt: »Gehe nicht zu deinem Fürst, wenn du nicht gerufen wirst.« Denn: »Mit hohen Herren ist nicht gut Kirschen essen.«

Wie er zum Landesfürsten und seinem Hof stand, das hat der Pfarrer auch an vielen Stellen seiner Tagebücher niedergeschrieben. Beim Leben am herzoglichen Hof hatte Flattich zunächst nur Schönheit gesehen. Doch stellte er in einem Tagebuch fest, dass ihm all dieser Glanz und Prunk dann bei näherer Betrachtung zum Ekel geworden sei, weil er beobachtet habe, dass diese Leute zwar schön und nett gekleidet seien, aber dabei eine unreine Seele hätten und durch ihre schönen Kleider nur ihren Sündenleib bedecken und verbergen würden. Daher hätte er bei sich selbst gedacht: »Meine ehrliche Stallmagd, die mit Dreck überzogen ist, ist mir viel lieber als eine solche Hure« (Schwabenväter, Bd. XI, S. 16).

Flattich beobachtete indes nicht nur Negatives. So beeindruckte ihn besonders stark eine Begegnung mit Hofrat Johann Konrad Walther, einer leutseligen, demütigen und klugen Persönlichkeit. Andrerseits, meinte Flattich, könne gerade kostbarer Besitz viel Schaden (durch Diebstahl und Unruhen) verursachen.

Am 23. Februar 1778 berichtete Frau von Harling Pfarrer Flattich, die drei Jahre währende sehr schmerzliche Krankheit und der erbärmliche Tod des Grafen und früheren Ministers Montmartin hätten dem Herzog derart zu denken gegeben, dass manche annehmen, Serenissimus werde noch ein Pietist. Dann fragte Frau von Harling nach Flattichs Meinung zu dem Schuldbekenntnis Herzog Carl Eugens, bei dem er gelobt hatte, künftig seinem Volk ein besserer Fürst zu sein. Flattich gab zur Antwort, diese Zusagen seien nicht als leere Worte abzutun, sondern aus einer inneren Todesfurcht heraus entstanden. Weil nämlich der Herrscher gerne noch länger leben wolle, suche er sich mit seinen Untertanen gutzustellen, damit sie für die Verlängerung seines Lebens und nicht für seinen Tod beten würden. Der Herzog wisse wohl, dass die Vornehmen nicht zu Gott beten. Erfülle er sein gegebenes Versprechen und plage er nicht länger seine Untertanen, sondern lasse er sich zu ihnen herab und erweise ihnen Liebes und Gutes, dann dürfe er wohl noch lange leben. Andernfalls könne er bald sterben müssen – entsprechend Psalm 5,7: »Der HERR bringt die Lügner um.« Die dann entstehende veränderte, neue Politik gefalle allerdings jenen Leuten nicht, die im eigenen Interesse bisher ihre Untertanen gewalttätig behandeln konnten.

Die Todesfurcht des Fürsten zeigte sich für Flattich auch darin, dass sich bei einem Gewitter, das zwei Tote in Hohenheim gefordert hatte, alle Leute aus der Umgebung des Herzogs bei ihm im Zimmer versammeln mussten.

Zugleich war Flattich froh, den Herzog nie wegen seiner Politik gelobt zu haben – habe dieser doch jetzt in aller Öffentlichkeit zugegeben, nicht recht regiert zu haben. Somit seien alle Leute, die ihn bisher als Regenten gerühmt hatten, Lügner; solche verlören das Vertrauen der Menschen.

Als sich der Herzog bei einer Parade sehr milde gestimmt zeigte, schloss Flattich daraus: Wer Gnade bei Gott sucht, zeigt sich auch gegenüber Menschen gnädig. Wer sich jedoch gegenüber Menschen »scharf« verhalte, zeige damit, dass er noch nicht bekehrt sei und keine Gnade bei Gott suche. In dem Amt, das einem aufgetragen ist, solle man Barmherzigkeit üben.

Daher riet Flattich einem Adligen, der seine Untertanen gerecht behandelte, sich auch künftig nach Jesu Seligpreisung der Sanftmütigen zu richten. Zwar würden strenge Herren lange regieren, aber den Segen mit den Seinen erhalte der Gütige. Einem anderen anständigen Edelmann wünschte Flattich ganz offen, dass er kein falscher Hofmann werde. Wer als Adliger oder Bauer viel mit Hunden und Pferden zu tun habe, sei versucht, grob und gewalttätig zu handeln. Zum Nutzen der Leute brauche man auch »Schlangenklugheit« in der Anwendung der Gesetze. Als der Herzog die unterschiedliche Höhe der Offiziersgehälter damit begründete, alles Gegebene hänge nur von seiner Gnade ab, war Flattich davon freudig überrascht: Der Fürst denke evangelisch, da ja beim Evangelium auch kein Verdienst, sondern nur Gnade gelte.

Auf die Beobachtung, dass der Herzog großen Wert auf die Harmonie zwischen den Religionen lege, reagierte Flattich mit der Feststellung, im alten und neuen katholischen Gesangbuch stehe kein Wort von Christus und vom Heiligen Geist, sondern nur von Moral und Tugend. Eine Vereinigung der Konfessionen sei unmöglich; dem Frieden zwischen ihnen stehe entgegen, dass der gottselig Lebende laut der Bibel Verfolgungen leiden müsse. Allerdings notierte Flattich im Jahre 1785 in seinem Tagebuch ohne kritische Bemerkungen, der

Herzog habe vier katholische Hofprediger, die alle sehr angenehm predigten, so dass auch viele Lutheraner die Hofkapelle besuchten, die deshalb baulich erweitert werden müsse.

Besonders fand des Herzogs Interesse an einer guten Schulbildung, wodurch man rechtschaffene Bürger gewinne, den ungeteilten Beifall Flattichs.

Zum Geburtstag des Landesherrn 1784 predigte Flattich über den vorgeschriebenen Text aus Psalm 110, wonach David böse Leute gekannt hat, dass ein Regent sehr oft von Weltleuten hintergangen werde. Während solche ungeladen beim Herzog durch viele Mittel seine Gunst erlangen wollten, wünschten fromme und gute Leute nicht, ihr Glück in der Welt zu machen. Deshalb seien Christus und die Apostel solange nicht zu den Regenten gekommen, bis sie diesen gebunden vorgeführt wurden.

Zur Politik äußerte sich Flattich selten auf direkte Weise, aber gelegentlich kritisch. So nahm er zum Soldatenstand eine distanzierte Haltung ein. An eine drohende Kriegsgefahr konnte er nicht glauben, denn man suche doch die Tapferkeit nicht länger im Krieg, sondern in der Klugheit. Wenn sich schon die Kleinen wegen einer Prügelei schämten, so müssten die Großen erst recht in sich gehen, wenn sie einen Krieg anfingen. Wer dies um Landgewinnes willen tue, sehe sich in großer Verantwortung vor Gott. Solange es jedoch Reiche dieser Welt gebe, fügte Flattich biblisch-nüchtern hinzu, werde es Kriege geben. Die bessere Zeit breche erst mit dem Kommen des Reiches Gottes an.

Später wurde Flattich verwundert gefragt, warum er nach Kornwestheim und zurück zu Fuß gehe. Seine Antwort lautete, eine grüne Zwetschge könne bei weitem nicht so viel aushalten wie eine gedörrte. Damit man etwas auszuhalten lerne, soll der Frager keine grüne oder weiche Zier bleiben, sondern er soll seinen Leib durch Beschwerlichkeit dörren, wobei er auf das Vorbild Jesu hinwies.

Im Blick auf das Regieren legte Flattich großen Nachdruck auf Demut, Sanftmut und die Förderung des freiwilligen Gehorsams. So solle die Obrigkeit den Nutzen des Gemeinwohls beachten und keine unnützen Ordnungen beibehalten. Bei eigenem Vorteil würden Beamte vom Gesetz abweichen, bei fehlendem Eigennutz dagegen sich daran halten. Eine rasche Kündigung von verheirateten Beamten lehnte Flattich ab, weil es in der gegenwärtigen Zeit schwer sei, ein anderes Amt zu bekommen.

Je weniger man Menschen trauen könne, umso mehr müsse man sein Vertrauen auf Gott setzen. Flattich nannte auch ganz offen die Mittel, wie man zu einem höheren Amt gelangen könne: das waren die Macht des Herzogs, das heimliche Schmieren (also Bestechung) und gute Worte. Die Obrigkeit ihrerseits stütze die Religion, weil sie daraus Vorteile für sich gewinnen könne.

In einem herzoglichen Erlass, wonach Pfarrer durch Beamte beim Zehnten nicht länger bevorzugt werden dürften, sah Flattich eine Herabsetzung des geistlichen Standes. Er stimmte mit dem Herzog auch darin nicht überein, dass junge Kirchendiener, die sich nicht bewährten, innerhalb eines Jahres entlassen werden sollten. Er begründete das damit, dass ein Theologe kaum eine andere Versorgung finde.

Einer Frau, deren Sohn nach dreieinhalb Jahren noch keine Anstellung gefunden hatte, teilte Flattich mit, man müsse froh sein, wenn man das nötige Auskommen finde, für hohe Gedanken bleibe dann kein Platz mehr.

Auch gegenüber manch eingebildetem *Adligen*, der sich über den einfachen Pfarrer oder gar über die Bibel und den christlichen Glauben lustig machen wollte, wusste Flattich schlagfertig passend zu antworten. So fragte ihn einmal ein Herr von Osten spöttisch, wie denn Noah vor der Sintflut all die vielen Tiere in seine Arche bekommen habe. Flattich erwiderte: Als die Arche fertig gebaut war, stellte sich Noah einfach aufs Dach und rief nacheinander in die vier Himmelsrichtungen: Komm her, du Löwe von Süden, du Bär von Norden, du Schaf von Westen, und komm her, du Esel von Osten! Keines der gerufenen Tiere ließ sich dies zweimal sagen. Auch Herr von Osten soll keine Wiederholung der Geschichte verlangt haben.

Im Schloss wurde Flattich einst von einem vornehmen Gast gefragt, ob er denn nicht auch schon eine höhere Stellung angestrebt habe. Da gab ihm der Pfarrer zu bedenken, bei aller Mühe sei das Weltglück eine Lotterie, die nur Wenigen Erfolg bringe, weshalb er die Neigung zu Ehrgeiz und Weltglück nicht aufkommen lasse. Da stimmte ihm der hochstehende Gesprächspartner zu: »Wir alle sind Narren, dass wir uns um der Ehre willen so viel Mühe geben« (Heimatbuch Münchingen, S. 299).

Bei einer Hochzeitsfeier im Münchinger Schloss wurden dem Brautpaar sehr viele wertvolle Geschenke übergeben. Pfarrer Flattich jedoch sprach: »Gold und Silber habe ich nicht, aber was ich habe, das gebe ich euch«, und begann, das Glück einer christlichen Ehe so einfach und zugleich derart eindrücklich zu preisen, dass dies bei allen Anwesenden einen tiefen Eindruck hinterließ. Noch lange Zeit danach bezeugten die Eheleute, dies sei wertvoller gewesen als alles andere.

Als eines Tages Flattich in einem Gasthaus still zu Tisch betete, machte sich ein junger Offizier im Kreise seiner Kameraden über ihn lustig und fragte ihn herausfordernd: »Betet bei Ihnen alles zu Hause?« Flattich antwortete: »Ja, nur die Schweine beten nicht.«

Herr von Harling bat den Pfarrer einmal aufs Schloss, weil ihn dort ein vornehmer Gast zu sehen wünschte. Flattich folgte, soeben mit beschmutzten Kleidern vom Feld gekommen, unverzüglich. Der Schlossherr tadelte ihn wegen seines unsauberen Erscheinens, doch Flattich gab zur Antwort: »Do han i do jetzund, es kommt nur darauf an, wo man den Dreck hat, ich hab ihn außen, die Edelleut' oft innen.«

Eine reiche Dame nahm, als sie Pfarrer Flattich auf einem sauberen Tisch seinen Brei essen sah, an den zahlreichen, gleichzeitig anwesenden Fliegen Anstoß. Wie könne er nur so sein Mahl einnehmen? Flattich machte daraufhin der gnädigen Frau deutlich, ein reinlicher Tisch lasse sich leichter abwaschen als ein Tischtuch. Er nehme ein Kleckschen vom Essen und setze es da-, ein anderes dorthin. Dann decke er die Schüssel zu, dass keine Fliege hineinfalle. Während des Tischgebets hätten sich seine Gäste gesetzt und ließen ihn in Ruhe. Der liebe Gott habe eben vielerlei Kreaturen in seiner Welt.

Als Flattich einmal wieder mit mehreren Offizieren zu Tisch saß, wollte ihn ein junger adliger Leutnant auf die Probe stellen. Dazu ergriff er ein bemaltes Trinkglas mit der Aufschrift: »Mit der Zeit« und zweifelte an, ob der große Dichterpfarrer sich darauf einen

Reim machen könne. Doch dessen Antwort folgte prompt: »Do han i do jetzund, warum denn nicht? Mit der Zeit wird man gescheit.«

So erfuhr mancher Höfling, Beamter oder Militär mit lockeren Sitten, der sich über den einfachen Dorfpfarrer und seine Botschaft lustig machen wollte, eine deutliche, bisweilen auch zu seinem Heil dienende Abfuhr. Solche Begebenheiten gerieten nicht in Vergessenheit, sondern kamen in einen beständigen Kreislauf wachsender Verbreitung.

Dies galt in besonderem Maße für Gespräche, die sich mit dem christlichen Glauben befassten. In Gegenwart Flattichs meinten einige Adlige, da man ja nichts Genaues über den Zustand des Menschen nach dem Tode wisse, sei es am klügsten, ganz davon zu schweigen. In diesem Moment blickte Flattich aus dem Fenster und sah, wie Kühe zum Brunnen getrieben wurden. Er machte seine Gesprächspartner auf diesen Vorgang aufmerksam. Sie wollten natürlich wissen, was er damit meine. Seine Antwort lautete: »Diese Kühe sind zufrieden, wenn sie nur ihr täglich Fressen und Saufen haben. Was wollen die vom Zustand nach dem Tode? Wer also nichts davon wissen will und sich darüber keine Gedanken macht, wie es ihm in Zukunft ergehen wird, der ist eben eine Kuh.«

Ähnlich wurde Flattich einmal von einem General gefragt, ob man etwas Gewisses über die Zeit nach dem Tod wissen könne. Er sei einst wegen dieser Frage ausgelacht worden und habe sie seither nicht mehr gestellt. Flattich stellte ihm daraufhin die Gegenfrage, ob er annehme, nach dem Tode nicht mehr General zu sein und kein Vermögen mehr zu besitzen. Als jener dies mit Bestimmtheit bejahte, bestätigte ihm Flattich: »So wissen Sie also doch etwas Gewisses vom Zustand nach dem Tode. Mithin fangen Sie jetzt bei dem an, was Sie jetzt gewiss wissen.«

In einem Brief an seinen Schwiegersohn Trautwein erzählte Flattich, dass der Stuttgarter Regierungsrat Rieger ihn wegen seiner Gleichnisse kritisiert habe. Darauf habe er ihm erwidert, er bediene sich der Bilder, weil Jesus dies auch getan habe. Rieger erkenne Flattich nur auf der Kanzel als Geistlichen an, nicht aber in Gesellschaft, wo sie sich gerade in Stuttgart befanden. Daraufhin berichtete ihm Pfarrer Flattich von einem Fürsten, der morgens andächtig den Gottesdienst besuche, dann aber ganz weltlich lebe und dies damit erkläre, er sei eben Bischof und Fürst zugleich. Das hätte die Frage ausgelöst, wenn nun der Fürst in die Hölle komme, wohin dann der Bischof? In diesem Sinne sei es eben sehr schwer, die beiden Ämter des geistlichen und des weltlichen Bereichs zusammenzuhalten.

## Flattich und der Pietismus

Die absolute Grundvoraussetzung für ein gedeihliches *Wirken des Pfarrers* im Dorf und des Erziehers in der Schule ist und bleibt für Flattich die Liebe. Unübersehbar und unverzichtbar steht sie im Zentrum seiner Gedanken, Handlungen und Schriften. Sie ist in der Bibel, in Gottes Wort, begründet und verwurzelt.

Damit hängt Flattichs *Verbindung zum Pietismus* engstens zusammen, zur Gemeinschaftsbewegung jener Menschen, die sich in den sog. »Privaterbauungsstunden« zusammenfinden. Pietisten traf Flattich entweder schon in Münchingen an, oder er förderte die Entstehung und Ausbreitung dieser Laienbewegung dort maßgeblich. Gefragt, was eigentlich ein Pietist sei, erteilte Flattich die aufschlussreiche Beschreibung: »Wenn man seinen Hund den ganzen Tag schlägt, so geht er durch und sucht einen anderen Herrn, bei dem er es besser hat. Auf die gemeinen Leute schlägt jeder ein: der Herzog, der Soldat, der Beamte, der Jäger, darum gehen sie durch zu Christus, und wer Christus sucht, der ist ein Pietist« (Ledderhose, S. 35).

Kurz nach seinem Amtsantritt wollte ihn seine Frau mit dem Hinweis auf seinen eben geleisteten Predigtdienst am Besuch der nachmittäglichen »Stunde« hindern. Außerdem meinte sie, er als Pfarrer der Gemeinde könne doch bei seinen einfachen Bauern nichts lernen. Als sie aber ihren Mann das nächste Mal dorthin begleitete, kehrte sie ebenso überzeugt wie er aus der Versammlung heim. Von dieser Zeit an hielten sich beide treu zur örtlichen pietistischen Stunde und achteten die tiefgründige Bibelauslegung der einfachen Brüder. So entwickelten sich mit der Förderung durch Pfarrer Flattich vier Gemeinschaftsversammlungen in Münchinger Privathäusern.

Der hier wiedergegebenen Schilderung Ledderhoses widerspricht allerdings ein von Pfarrer Kirschbaum (im Heimatbuch Münchingen, S. 205) mitgeteilter Pfarrbericht Flattichs aus dem Jahre 1767, in dem er feststellte: »Keine Privatversammlungen werden hier gehalten.« Andererseits schrieb Flattichs Sohn und Vikar namens seines Vaters 1797 kurz vor dessen Tod in seinem Pfarrbericht: »Die Privatversammlungen haben schon bei meinem Vorvorgänger angefangen und gehen immer noch fort.« Zu dieser Zeit bestanden im Anschluss an die sonn- und feiertäglichen Gottesdienste immerhin fünf solcher Zusammenkünfte in Häusern der Gemeinde. 1791 hatte der Dekan getadelt: »Es ist dem wohllöblichen Pfarramt bereits bekannt, dass die Nachtversammlungen bei Michael Schopf Sensation gemacht haben. So gut auch immer die Absicht, so unverdächtig diese Zusammenkunft seyn möchte, so können doch Versammlungen des Nachts, besonders bis gegen die Mitternacht, wie's geklagt wurde, nicht gestattet werden.« Unter Verweis auf das bereits genannte Generalreskript vom 10. Oktober 1743 heißt es dann weiter: »Ich hoffe auch, dass der Schopf, durch Religionsgrundsätze geleitet, den Verordnungen der Obrigkeit willig und von ganzem Herzen unterthan seyn werde.«

Pfarrer Flattich gab indes keinen weiteren Anlass zu solcher Klage. Er hielt sich auch mit der geforderten Auskunft über den »Zustand der Herzen in der Gemeinde« zurück und begründete dies in seinem Bericht von 1767, diesen »kenne der Herr der Gemeinde am besten und untersteht sich Pastor nicht, die Bekehrten mit Namen zu nennen oder ihnen das Zeugnis der Bekehrung schriftlich zu geben«. Dass Flattich überhaupt gegenüber seiner kirchlichen Obrigkeit in eigener Verantwortung und Berücksichtigung örtlicher Gegebenheiten handelte, zeigt sich auch darin (Heimatbuch Münchingen, S. 345), dass er während der Ernte aus Rücksicht auf seine schwer arbeitenden Bauern entgegen höherer Anordnung die abendlichen Wochengottesdienste einfach ausfallen ließ. Solches Tun brachte ihm manche Rüge von oben ein, etwa: seine Benutzung einer Brille rechtfertige nicht, dass er abends keine Lesegottesdienste halte. Auch lasse er es des Öfteren an der Überwachung des Schulmeisters fehlen. (Damals war dem Pfarrer die Aufsicht über die Schule übertragen gewesen.)

Flattichs Einstellung zur Wortverkündigung durch Laien machte er einst einem vornehmen Kritiker klar. Er ergriff dazu ein Weinglas und erklärte, ein Gelehrter könne zwar viel über die Beschaffenheit des Glases und den Wein sagen, trinke aber nicht. Der einfache Mann dagegen trinke und könne deshalb ein viel besseres Urteil abgeben. Der Frager bestätigte diesen Sachverhalt. Weiter verglich Flattich: Wenn ein einfacher Mann das Wort Gottes schmecke und durch die Erfahrung lerne, könne er Vieles mit größerer Gewissheit und Kraft erklären als der Gelehrteste, der keine Erfahrung davon habe und bloß von der äußerlichen Gestalt, nämlich vom Buchstaben rede. So sage es auch Jesus in Johannes 7,17: »Wenn jemand dessen Willen tun will, wird er innewerden, ob diese Lehre von Gott ist oder ob ich von mir selbst aus rede.« Zugleich muss sich ein Theologe wie ein Handwerker nach diesem Brauch richten, wenn er Meister darin werden will. In diesem Sinne schrieb er in einem Brief: »Der Mensch lebt nicht von dem Wissen und der Kenntnis der vielerlei Speisen, sondern allein von ihrem Genuss« (Duncker, S. 67). Es komme also stets darauf an, das Wort Gottes zu Herzen zu nehmen, zu beherzigen.

Die Mitarbeit seiner Laien schätzte und pflegte Pfarrer Flattich nicht nur in den »Stunden«, wo dieses heutzutage selbstverständliche und unverzichtbare Recht erstmals aufgekommen war, sondern in der Gemeinde überhaupt. Diese Wertschätzung seiner einfachen Gemeindeglieder kritisierte der Oberamtmann aus Markgröningen an Pfarrer Flattich, als er beanstandete, dass Flattich alle Gemeindeangelegenheiten seinen »Richtern« (später »Kirchengemeinderäte« genannt) zur Besprechung und Abstimmung vorlege anstatt allein zu entscheiden. Er solle doch diese einfachen Leute nicht so viel »gelten lassen«, also nicht so zum Zuge kommen lassen. Flattich aber entgegnete ihm, wenn man die Richter nicht gelten lasse, dann seien sie auch keine. Außerdem halte er es für seine Pflicht, diese Leute möglichst gut zu informieren; lasse man sie dagegen nichts gelten, würden sie auch nicht gescheit (Heimatbuch Münchingen, S. 344).

Herr von Harling kündigte eines Tages dem Pfarrer hohen Besuch in der Kirche mit der Erwartung an, dass Flattich seine Predigt dann besser vorbereite und ausarbeite. Da gab dieser folgenden

Bescheid: »Do han i do jetzund, die können mir meine Predigt nicht zensieren. Da fürchte ich alle Sonntage weit mehr meinen Goll, Schopf und Motz und andere Gemeinschaftsglieder. Die sind durch Kenntnis des Wortes Gottes eher in Stand gesetzt, einem Pfarrer bei seiner Predigt auf die Nähte zu sehen, als die, welche das ganze Jahr hindurch nichts nach Gottes Wort fragen« (Roos, S. 39).

Flattich stand in regem Kontakt zu auswärtigen Pietisten und erhielt oft Besuch von diesen in Münchingen. So ließ er etwa einen Mann namens Martin von Schlierbach acht Tage lang zum geistlichen Gewinn seiner Gemeindeglieder in Münchingen wirken.

Flattich berichtete in seinem Tagebuch auch von einem Bauern aus der Schweiz, der 40 Stunden zu Pfarrer Philipp Matthäus Hahn unterwegs war, um diesem für seine glaubensstärkenden Schriften zu danken. Unterwegs bei Flattich eingekehrt erzählte er, sein Pfarrer daheim sei hochmütig, weshalb er bei ihm nichts lernen könne, da Christus sage: »Lernet von mir, denn ich bin von Herzen demütig.« Leider fehlt Flattichs Erwiderung darauf.

Gerade durch seine engen Kontakte zu den Gemeinschaftsleuten, seine seelsorgerlichen und praktisch-hilfreichen, liebevollen Bemühungen um seine Gemeindeglieder und seine volksnahe, biblisch fundierte Verkündigung gewann Pfarrer Flattich das Vertrauen weitester Kreise. Deshalb wuchs die Zahl der bei ihm Rat suchenden Menschen aller Stände andauernd. Es gelang ihm sogar, einige »Erweckte«, die zuvor jede ernsthafte Tätigkeit als hinderlich für ihr Christsein abgelehnt hatten, wieder für ein normales Arbeitsleben zurückzugewinnen.

Als der spätere Nachfolger Hahns in Kornwestheim, Pfarrer Karl Friedrich Hartmann, von der Akademie auf der Solitude nach Illingen versetzt wurde, gönnte ihm dies Flattich von Herzen, obwohl man diese Stelle »für einen sehr rohen Ort« gehalten habe. Das dort bisher in den Herzen und in der Stille verborgen gebliebene Gute sei jetzt sehr gefördert und sichtbar geworden, die Gemeinschaft wachse.

Einem Manne, der von Herzen gern Pfarrer geworden wäre, aber aufgrund der äußeren Verhältnisse zunächst daran gehindert war, verhalf der Münchinger Pfarrer zur Verwirklichung seines Berufsziels, indem er wohl höheren Orts Fürsprache für ihn einlegte.

Zum Pietismus finden sich auch in Flattichs Tagebüchern weitere aufschlussreiche Bemerkungen. So berichteten ihm am 20. Februar 1786 zwei Männer aus Hildrizhausen von einem 27jährigen ledigen Mann in Altdorf, der in jener Gegend viel Aufsehen errege. Dann wurden seine häuslichen Verhältnisse geschildert. Regierungsrat von Seckendorf habe ihn auf eine Reise mitgenommen. Merkwürdigerweise fehlt die Nennung des Namens – es handelt sich hier um *Michael Hahn* (1758–1819), den Initiator der Hahn'schen Gemeinschaften – sowie Flattichs persönliche Stellungnahme dazu.

Flattich stellte in einer Tagebuchnotiz fest, dass man, wenn man Pietisten viele Fehler vorwerfe, was ja ebenso auf andere Menschen zutreffe, bedenken müsse, dass das Wort Gottes im Verborgenen wirke. So habe eine pietistische Predigt bis dahin böse Handwerksleute in eine neue Lebenshaltung hineingeführt.

Den Separatismus, also die Trennung besonders fromm sein Wollender von der Kirche, lehnte Flattich ab, weil die Gemeinde gute und böse Christen habe und beiden das Evangelium gepredigt werden soll. So solle man Weizen und Unkraut bis zur Ernte miteinander wachsen lassen.

Die Frage, weshalb weltlich eingestellte Menschen weniger pietistenfeindlich gesonnen seien als Geistliche, beantwortete Flattich in seinem Tagebuch mit dem Vergleich, Pilatus als Weltmensch wäre auch weniger gegen Christus eingestellt gewesen als der Hohepriester Kaiphas.

Die Freude der von Flattich »Weltmenschen« genannten Leute konnte der Münchinger Pfarrer mit jener des Verbrechers an der Henkersmahlzeit vergleichen. Dass Flattich aber auch Nichtpietisten respektierte, zeigt seine Tagebuch-Eintragung über einen seiner früheren Schüler. Dieser bekannte bei seiner Antrittspredigt als Pfarrer vor der Gemeinde, noch kein Pietist zu sein. Doch durch seine Liebe habe er dann Menschen gewonnen, wurde dadurch sehr beliebt, und seine Gottesdienste waren sehr gut besucht.

Als ein Pfarrer in Zuffenhausen seine Gemeindeglieder tadelte, weil sie in Stuttgart pietistische Gottesdienste besuchten, obwohl doch *er* für sie zuständig sei und sie statt bei ihm als ihrem Arzt beim Scharfrichter Hilfe suchten, erreichte er lediglich das Eine, dass ihr Verlangen und Eifer nach solcher Verkündigung weiterhin wuchs.

Nachdem ein Pfarrer seinen Vikar weggeschickt hatte, weil dieser eine Erweckung in der Gemeinde ausgelöst hatte, schrieb Flattich in sein Tagebuch: Nur jener Pfarrer sei für ihn kein Mietling, der außer der Gunst der vornehmen auch die der armen Leute suchte.

## Flattich als Theologe

Zur Theologie Flattichs stand außer Johann Albrecht Bengel der Murrhardter Prälat Friedrich Christoph Oetinger Pate. Wie auch Flattichs späterem Schwiegersohn Philipp Matthäus Hahn ging es im theologischen Denken um die Übereinstimmung zwischen einem biblischen Realismus und der modernen Naturerkenntnis. Diese »Schwäbischen Väter« begnügten sich in ihrer Theologie nicht mit dem Vorläufigen und Vorfindlichen, begrenzten nicht alles darauf, sondern gingen darüber hinaus, indem sie allen Erscheinungen einen tieferen Sinn beimessen und zugrunde legen, hineinlegen und herausholen wollten. In ihrem Denken erleuchten sowohl die Bibel als auch die Natur mit ihren vielseitigen Entfaltungen die Erkenntnisse des Glaubens und des Wissens gleichermaßen. Da auf diese Weise beides untrennbar miteinander verbunden bleibt, finden wir in Flattich als Pietisten zugleich ein geistiges Kind der Aufklärung, was ja weithin auf alle pietistisch-schwäbischen Väter zutrifft.

Zur theologischen Eigenart Flattichs findet sich mancherlei in seinen Tagebüchern, Predigten und Briefen. Seine zentrale Position fasste er so zusammen: *»Die natürliche Philosophie ist bei weitem nicht ausreichend, weil man ohne Offenbarung vom Zustand nach dem Tod, von dem allgemeinen Gericht Gottes und von dem, was nach dem Jüngsten Gericht erfolgt, nichts weiß. Diese Unwissenheit der natürlichen Philosophie soll einen zu einer höheren, nämlich zur Salomonischen Philosophie und die Salomonische Philosophie, die aufs Halten der Gebote Gottes dringt, zur christlichen Philosophie antreiben«* (Schwabenväter, Bd. XI, S. 5).

1786 ging er auf die Nachricht aus Leipzig ein, dass dort eine gewisse »Rotte« Christus und seine Lehre bestreite. Für ihn aber war das Wort Gottes die unverzichtbare Speise für die Seele. Lese man in der Schrift, müsse man das tun, was man davon verstehe und Gottes Geist um die nötige Erleuchtung hierfür bitten. So vermehre sich das Licht und das Wachstum der Seele.

Seinem Sohn Christian Ludwig, ebenfalls Theologe, empfahl der Vater, sich zunächst nur mit den Evangelien zu beschäftigen; denn er habe an sich selbst beim Lesen der Briefe (des Neuen Testaments) erfahren, dass praktische Lehren besser zu verstehen seien als dogmatische Glaubenssätze. In diese habe er sich selbst lange nicht hineinfinden können (Ledderhose, S. 113). Man solle immer mit dem Einfacheren zu denken beginnen. Was man jedoch nicht bedenke, darüber bekomme man keinen Verstand. Dann fügte Flattich die Aussage seines Lehrers Bengel hinzu, wonach die Bibel nicht für Kühe, sondern für vernünftige Menschen geschrieben sei. Über die biblischen Prophezeiungen äußerte sich Flattich gegenüber Ludwig, diese Gaben würden ebenso weiterwirken wie der Heilige Geist. Jedoch müsse geprüft werden, ob die Geister von Gott sind und mit der Heiligen Schrift übereinstimmen.

Im Blick auf die *Bibelauslegung* empfahl er Ludwig, zuerst den Verstand zu gebrauchen, bevor er die weiteren Erkenntnisstufen beschreite. Dabei solle er die einzelnen Bibelsprüche miteinander vergleichen und sich wie der Vater genau daran halten. Gottes Wort bleibe unverändert gültig, während weltliche Gesetze, an die sich ein Untertan halten müsse, immer wieder erneuerungsbedürftig seien. Früher besser befolgt, beachte man sie heute nicht mehr so genau. Gottes Wort bleibe demgegenüber unverändert gültig.

Die *Vergebung* der Sünden werde dem Wiedergeborenen zuteil, wenn er sich sogleich Christus, seinem Fürsprecher, zuwendet. Flattich zeigte an David, der die Gebote übertrat, dass dieser nicht von Gott abfiel, sondern ein Mann nach seinem Herzen geblieben war. Nur durch die *Wiedergeburt* gelange man zum Reich Gottes. Diese beruhe aber sowenig auf eigenem Verdienst wie die Stellung eines Kaisers, Königs oder Fürsten, die ganz auf der Geburt beruht.

In der Frage der *Prädestination* verwies Flattich den Sohn Ludwig auf denselben Sachverhalt, indem er an der Stellung des Herzogs zeigte, dass dieser sie nur aufgrund seiner väterlichen Abstammung und als erstgeborener Prinz – also ohne eigenes Zutun – erhalten habe.

Über die *Rechtfertigung* des Menschen durch Gott schrieb Flattich an Wilhelm Ludwig Hosch am 1. Juni 1778: »Weil Sie mir schreiben, was ich davon halte, dass man durch die Gnade und das Verdienst Christi selig werde und dass Gott einem jeglichen nach seinen Werken vergelte, so antworte ich Ihnen nach meiner geringen Erkenntnis: Ein kleines Kind arbeitet nicht, sondern wird bloß von seinen Eltern verhalten; wenn aber ein Kind älter wird, wird es auch zur Arbeit angehalten, die die meisten sauer ankommt, da sie wünschen, ohne Arbeit und Beschwerlichkeit leben zu können. Ebenso besteht der Anfang des Christentums darin, dass man bloß von der Gnade und dem Verdienst Christi lebt; im weiteren Verlauf muss man auch in die geistliche Arbeit hinein, wie der Apostel sagt: ›Schaffet, dass ihr selig werdet, mit Furcht und Zittern‹ (Phil. 2, 12). Manche Christen wollen aber nicht in diese geistliche Arbeit hinein und wollen immer wie die kleinen Kinder von der freien Gnade leben. Wie man aber im Leiblichen arbeitet aus dem wahren Leben, das man aus Gnaden durch den Glauben an Christus bekommen hat, und wie man auch im Leiblichen arbeitet, um sich zu erhalten (2. Thess. 3, 12), so soll man auch im Geistlichen arbeiten, dass man seine Seele erhalte« (Schwabenväter, Bd. XI, S. 172 f.). Man solle aber nicht nur für sich, sondern auch für andere im Leiblichen arbeiten, entsprechend dem Wort in Epheser 4, 28: »Er arbeite und schaffe mit eigenen Händen das nötige Gut, damit er dem Bedürftigen abgeben kann.« Das habe auch Paulus getan und in 1. Korinther 15, 10 gesagt: »Ich habe mehr gearbeitet als sie alle.«

Flattich fuhr fort: »Wie ein geistlich Toter nicht leiblich arbeiten kann, so kann auch ein geistlich Toter nicht geistlich arbeiten und mithin keine eigentlich guten Werke tun. Wenn Christus sagt: ›Bittet, suchet, klopfet an‹, dann erkennt man hieraus die drei Grade des Christentums: denn Bitten geht auf den ersten Grad des Christentums, da es dem Menschen bloß um die Gnade zu tun ist; das

Suchen aber geht auf den andern Grad, da es mit Arbeit und Beschwerlichkeit verbunden ist; das Anklopfen geht auf den dritten Grad, nämlich aufs Überwinden. ›Wer überwindet, der wird es alles ererben‹ (Offb. 21,7). Weil aber die Gnade immer der Hauptgrund bleibt, so geht bei dem Suchen und Anklopfen das Bitten weiter.«

Bei der *Kindertaufe* unterschied Flattich zwischen Täuflingen aus heidnischer oder christlicher Umwelt. Müssten erstere zuvor unterrichtet und zum Glauben gebracht werden, ehe sie getauft werden könnten, kann dies bei letzteren sogleich geschehen, denn sie hätten Anteil am Glauben ihrer Eltern entsprechend Apostelgeschichte 16,31 (»dein Haus wird selig«) und 1. Korinther 7,14, wonach Kinder durch den gläubigen Elternteil geheiligt werden. So dankte Flattich beim Tod des pietistischen Waisenhauspfarrers Dettinger in Stuttgart für dessen Leben, weil er seine Kinder zu gläubigen Christen erziehen konnte.

Hinsichtlich der *Wiederkunft Jesu* meinte Flattich, es solle sich niemand ärgern, wenn sie nicht eintreffe. Gott bewahre auch in seiner verborgenen Gnade. Der aktuellen Zeitschilderung konnte Flattich dabei nach eigener Aussage mehr abgewinnen als der alten Historie.

## Flattich als Prediger

Flattichs Aufzeichnungen enthalten eine Fülle von *Predigtgedanken*, die gelegentlich nur bruchstückhaft und unvollständig Schwerpunkte der Ausführungen wiedergeben, aber auch vollständig erhaltene Predigten. Beides kann einen anschaulichen Einblick in seine originelle Art der Bibelauslegung und deren praktische Anwendung vermitteln.

In seiner Predigt über das Gleichnis vom reichen Mann und armen Lazarus (Lukas 16,19–31) richtete Flattich – wie er selbst meinte – sein ganzes Augenmerk auf den Zustand des Menschen nach dem Tod, nicht aber auf zeitlichen Segen. Es genüge nicht, nur Gottes Wort zu predigen, es müsse auch das Herz umgewandelt werden.

Als er den erkrankten Pfarrer von Schwieberdingen zu vertreten hatte, machte er seinen Zuhörern anhand des (nicht näher genannten) Sonntagsevangeliums deutlich, dass man Menschen nur durch Liebe gewinnen und Gutes erreichen könne.

Dementsprechend habe Jesus aus Liebe lauter Liebeswunder vollbracht. Deshalb sei das Volk zu Christus gekommen. Wäre er scharf und streng vorgegangen, so hätte es ihn dagegen gemieden und gefürchtet. Durch seine Liebe habe Jesus den Petrus gewonnen. Dieser hätte, gegen alle Vernunft, auf Jesu Wort hin seine Netze ausgeworfen und hätte Jesus seine Sündhaftigkeit bekannt und sei ihm unter Zurückhaltung aller Habe nachgefolgt (siehe Lukas 5, 1 – 11). An Petrus zeigte der Prediger, dass seine Treue im Geringsten den ganz klein Anfangenden schließlich zum Menschenfischer Jesu gemacht habe.

Ein andermal bezeichnete Flattich in seiner Predigt jenen Menschen als den glücklichsten, der Gott zum Vater hat, denn dieser ist nicht nur der reichste und vornehmste, sondern auch der ewige Herr. Indessen bekommt man nur durch Christus den Zugang zum Vater.

Weitere Predigtgedanken, bisweilen etwas bruchstückhaft, mögen folgen.

Bei der Auslegung des Verses »Christus nahm den Tauben besonders« (Markus 7, 33) verglich Flattich das Gemeinte mit einer Kur in Teinach oder Wildbad; wie dort müsse man sich auch zu einer geistlichen Kur absondern. Gewalttätigen und friedlosen Leuten solle man klug ausweichen. Liebe der Eltern könne junge Leute gesund, gescheit und angenehm machen. Erweise man ihnen aber Feindseligkeit, so würden sie dumm und verhasst. Zur Brauchbarkeit im Leben und nicht allein zur Sparsamkeit sollen junge Leute erzogen werden. Ein Mensch gehorche umso ungezwungener, je mehr er menschlich und ungezwungen behandelt werde. Umgekehrt falle es schwer, einem bösen Menschen zu gehorchen, was sowohl auf die Ehe als auch auf den Staat zutreffe.

Entsprechend dem Gleichnis vom ungerechten Haushalter (Lukas 16, 1 – 9) soll der Christ im Blick auf die Ewigkeit klug sein und sich nicht mit solchen Leuten einlassen, die nur Geld wollen.

Weit besser, als auf Lohn zu sehen, ist es, nach Gottes Segen zu trachten; dieser mache reich ohne Mühe.

In einer *Schulpredigt* in Schwieberdingen legte Pfarrer Flattich den Spruch, leibliche Übung sei wenig, die Gottseligkeit aber zu allen Dingen nütze (1. Timotheus 4, 8), so aus, dass er einen Menschen, der nur arbeite, mit einem Ochsen verglich. Wolle er aber mehr sein, um eine bessere Belohnung zu erhalten, müsse er sich in Glauben und Frömmigkeit üben. Christus will dabei, dass man den Menschen an seinen Früchten erkenne. Auf die Frage, weshalb weltlich gesinnte Leute einen größeren materiellen Gewinn hätten als die Gläubigen, zitierte Flattich das Gleichnis vom reichen Mann (Lukas 12, 16–21). Dieser habe sein Gut bereits im irdischen Leben erhalten, während der arm bleibende Gläubige seinen Lohn erst im Reich Gottes empfangen werde. Schuld solle man sich selbst zurechnen. Dies sei besser, als andere zu richten.

Für den Prediger und Seelsorger Flattich war jedes Unglück eine Warnung Gottes, sein Wort besser zu verstehen, jede Krankheit ein Anlass, um darüber nachzudenken.

In einer *Traupredigt* führte Flattich aus, wie unerlässlich die Gottseligkeit sei, um sich bei eintretendem Leiden und Leid treu zu bleiben. Liebe ist die Hauptsache, mit ihr muss man anfangen und Herzen gewinnen, nicht nach anderen Frauen sehen und in der Haushaltsführung bescheiden bleiben.

In einer anderen Hochzeitspredigt zeigte Flattich in seiner Auslegung von Psalm 34, 12–15, »was dazu gehöre, wenn wir ein fröhliches Herz haben und behalten wollen«: Zuerst und vor allem anderen werde Furcht Gottes erfordert, denn wer kein Vertrauen zu Gott habe, könne unmöglich ein fröhliches Herz haben. Zu einem solchen gehöre zweitens die »Bewahrung der Zunge«, wenn wir nicht im Verdruss mit andern leben und uns selbst um allen guten Mut bringen wollten.

Ferner gehöre dazu, dass man sich überhaupt vom Bösen trenne und Gutes tue. Schließlich gehöre zu einem fröhlichen Herzen auch, dass man den Frieden suche und ihm nachjage. Da in jedem Haus die Gefahr drohe, dass der Friede verloren gehe, hat man die Warnung nötig: Suche den Frieden! Da muss man einander nachgeben, darauf verzichten, sein Recht durchzusetzen, begangene Fehler bekennen, in Zukunft vermeiden und die Liebe walten lassen. Dazu darf man darin nicht müde werden, sondern muss vielmehr alle Mittel und Wege dazu probieren. Hält man sich an diese Regeln, dann ist auch kein Tod imstande, uns unser fröhliches Herz zu rauben (Schwabenväter, Bd. XI, S. 164–169).

Flattich schloss diese Predigt mit dem Gebetsvers:

*Solange dieses Leben währt,*
*sei er stets unser Heil,*
*und wenn wir scheiden von der Erd',*
*verbleib' er unser Teil.*

*Er drücke, wenn das Herze bricht,*
*uns unsre Augen zu*
*und zeig' uns drauf sein Angesicht*
*dort in der ew'gen Ruh. Amen.*

Die *Leichenpredigt* für einen fleißigen Landmesser nutzte Flattich zum Lobpreis der Mühe und Arbeit als gutes Leben. Es gelte, auf Gottes Wort hin sein Netz auszuwerfen. Arbeite man jedoch nur aus Not, so folge daraus Murren und Ungeduld, oder es entstehe aus Geiz und Ehrsucht die Sünde. Zugleich solle man aber aus der Arbeit nicht zu viel machen, denn sie werde ja durch den Tod beendet, aber auch nicht zu wenig, denn Gott habe sie befohlen.

Dabei besaß Flattich die klare Einsicht, dass gern und treu zu arbeiten gar nicht leicht sei, da es viel Arbeitslosigkeit gab. So klagten Handwerker dem Pfarrer, sie wüssten nicht mehr, wie sie sich und ihre Leute durchbringen sollten. Zwar wollten sie gern arbeiten, aber man verdiene fast nichts mehr dabei. Flattich fügte dem hinzu, man müsse froh sein, überhaupt einer redlichen Arbeit nachgehen zu können. So war die Lage am 9. Juni 1777! Ganz im Sinne Jesu war dem Pfarrer zugleich klar, dass der Mensch nicht davon lebt, dass er viele Güter hat. Reichtum sei vielmehr – entsprechend der Feststellung Jesu, wonach Reiche schwerlich ins Reich Gottes kämen – ein Hindernis zur Seligkeit. Deshalb legte Flattich Wert auf die Unterscheidung zwischen dem Vielen und dem Nötigen. So lasse Jesus die übrig gebliebenen Brocken seiner Speisungen aufheben, damit nichts umkomme. Ein Christ solle still arbeiten, sein eigenes Brot essen, zugleich aber auch für andere Menschen sorgen, indem er mit eigenen Händen arbeitet, um (entsprechend Epheser 4, 28) dem Bedürftigen geben zu können.

In einer *Grabrede* über Hiob 19, 25 (»ich weiß, dass mein Erlöser lebt«) sprach Flattich »von dem herrlichen Trost für einen Leidenden, wenn er weiß, dass sein Erlöser lebt«, in zwei Teilen: 1. Wie Gott den Menschen in Jammer und Elend kommen zu lassen pflege, damit er sich als Erlöser an ihm verherrlichen kann; 2. Wie tröstlich es für einen Leidenden sei, wenn er weiß, dass sein Erlöser lebt. So könne das Herz unter den schmerzlichsten Leiden von Tag zu Tag darunter aushalten, bis am ersehnten Tag der Erlösung die Traurigkeit in Freude und der Schmerz in den frohen Genuss der Seligkeit verwandelt werde. Flattich schloss mit dem Liedvers: »Liebe, zeuch uns in dein Sterben; lass mit dir gekreuzigt sein, was dein Reich nicht kann ererben; führ ins Paradies uns ein. Doch wohlan, du wirst nicht säumen, lass uns nur nicht lässig sein; werden wir doch als wie träumen, wann die Freiheit bricht herein« (Schwabenväter, Bd. XI, S. 160–163).

Zur Wirkung des Predigers Flattich gibt ein Brief vom 21. Juni 1778 Auskunft. Darin teilte Flattich einer seiner Töchter mit, dass jetzt auch der bisher ablehnend eingestellte Mann ihrer Patin für den Pietismus gewonnen werden konnte. Habe er seine Frau bisher manchmal daran gehindert, die Privaterbauungsstunde zu besuchen, so nehme er jetzt gemeinsam mit ihr daran teil. Flattichs Predigt über Nikodemus (Johannes 3) habe in ihm den Wunsch ausgelöst, sein bisher hartes Herz von Gott zerbrechen zu lassen. Wenn er neuerdings in die Stunde gehe, dann deshalb, damit Gottes Wort als ein guter Same in sein Herz komme.

Nun wird ein weiterer Schwerpunkt der Tätigkeit von Pfarrer Flattich nicht länger hintangestellt werden können:

## Der kluge Seelsorger seiner Ratsuchenden

Sämtliche zur Seelsorge Flattichs überlieferten Begebenheiten zeigen ihn als geistesgegenwärtigen, praktischen, nie um eine Antwort verlegenen, aber stets mit Liebe und Geduld und tief im Wort Gottes verwurzelten, in Jesu Gesinnung wirkenden Pfarrer und unermüdlichen, tatkräftigen Seelsorger. Richtschnur seines Tuns und Wirkens war die Bibel; seine Waffe war die Liebe und seine Gegnerin die Sünde.

Einem ihm seine Not klagenden Mann machte Flattich deutlich, der Mensch sei wie eine Uhr. Wolle diese nicht gehen, so müsse man ihr so lange schwerere Gewichte anhängen, bis sie funktioniere. Ebenso brauche unser geistliches Lebensrad seine rechten Leidensgewichte, die ihm angehängt werden müssen, damit es in Gang bleibe. Jemand brachte ihm seine Zweifel vor, ob ihm Gott seine Schuld vergeben habe. Flattich verglich daraufhin die Vergebung mit einem Strumpf, den jemand verloren hat. Er sucht ihn zweimal, ehe er merkt, dass er ihn schon anhat.

Dabei dünkte sich der Seelsorger seinerseits nie erhaben über jene Kritik, die ihn selbst betraf. So musste er sich von einem Alkoholiker, den er wegen seiner Abhängigkeit zur Rede gestellt hatte, sagen lassen, dass er selbst das Tabakschnupfen nicht bleiben lassen könne. Deshalb schlug ihm Flattich vor, dass jeder von beiden den Vorsatz fasse, von seiner schlechten Angewohnheit zu lassen, was jenem Mann auch nach einem vergeblichen ersten Versuch schließlich gelang. Der Mann wurde später einer der führenden Gemeinschaftsleute im Dorf.

Eines Tages hörte Flattich vor der Tür einer Familie, die er besuchen wollte, wie sich die Frau des Hauses vor ihrer Nachbarin ausnehmend respektlos über ihn äußerte. Nachdem er unbemerkt alles vernommen hatte, kehrte er ins Pfarrhaus zurück und beauftragte die Magd, in besagtes Haus einen Laib Brot und eine Schüssel Mehl hinzutragen. Dabei solle sie der Frau vom Pfarrer ausrichten, dies sei ihr Wäscherlohn. Sogleich begab sich diese Frau mit der Magd ins Pfarrhaus und fragte Flattich, womit sie dies verdient habe. Flattich ließ sie nicht im Unklaren: »Do han i do jetzund, freilich habt Ihr's verdient. Ich bin meiner Lebtag noch nie so schön gewaschen worden als von Euch und Eurer Nachbarin.« Da war ihr alles klar geworden.

Um die Gemeindeglieder von grassierender Verleumdungssucht zu heilen, bestellte sie Flattich einmal bei starkem Wind vor sein Pfarrhaus. Dann öffnete er die oberste Dachluke und schüttete einen Sack mit lauter kleinen Papierstückchen aus. Sie verteilten sich so, dass man unmöglich sämtliche wieder einsammeln konnte. Ebenso verhielte es sich mit unrechten Aussagen, die sie übereinander verbreiteten – etwas davon bleibe immer irgendwo hängen und könne nicht mehr zurückgeholt werden.

Wie klug Flattich Geschenke einsetzte, um Menschen zur Besserung zu veranlassen, zeigt folgende Begebenheit. Einem regelmäßigen Kirchgänger, der aber in langen Jahren keine Besserung in seinem Christenleben erkennen ließ, schenkte Flattich eines Tages neue Schuhe. Der Mann war äußerst verwundert, bis ihm sein Pfarrer erklärte: »Do han i do jetzund, das ist, weil Ihr so fleißig in die Kirche geht.« Damit der Beschenkte aber dies nicht als Lob verstehe, sondern merke, worauf es Flattich dabei ankam, gab ihm dieser die nötige Erklärung seines Tuns: Er solle nicht bei seinem Kirchgang geschädigt werden, denn einen Nutzen für Herz und Wandel nehme er dadurch ja nicht mit. So wolle er ihn wenigsten für sein vergebliches Kirchgehen entschädigen. Eine solche Ermahnung war für den Betreffenden genau so wie für andere gewiss sehr beherzigenswert.

Vor allem konnte Pfarrer Flattich durch seine praktische Seelsorge auch in eheliche Schwierigkeiten hilfreich eingreifen. So hatte ihm eine Frau bitter geklagt, ihr Mann komme fast täglich betrunken aus dem Wirtshaus und schlage sie dann immer. Da riet ihr Flattich zu einem guten Mittel. Sie möge sich aus dem Bach einen glatten Stein aussuchen, der sich passend unter die Zunge legen lasse. Immer dann, wenn ihr Mann heimkomme, solle sie den Stein schnell in ihren Mund legen und darauf achten, dass er an seinem Platz bleibe. Das Mittel werde sicher seine Wirkung nicht verfehlen.

Dies kam der Frau zwar merkwürdig vor, doch gleich am ersten Abend befolgte sie den Ratschlag ihres Pfarrers. In der Tat: das Mittel wirkte, sie blieb von Schlägen verschont. Dies wiederholte sich am nächsten und übernächsten Tag. Dem Mann fiel der ungewohnte Friede im Haus auf, und er berichtete davon seinen Zechkumpanen im Wirtshaus. Neugierig geworden wollten sie jetzt ausprobieren, wie weit die Geduld der so sanftmütig gewordenen Frau im Hause gehe. So vereinbarten sie bei ihr ein Gelage. Ihr Mann befahl ihr, Getränke und Speisen aufzutischen, was sie auch wortlos, aber keineswegs sorglos befolgte. Dies war ihr widerspruchslos möglich, da ja der wunderbare Stein an seinem Platze lag und seine Wirkung auch diesmal nicht verfehlte. Da schlug ihrem Mann das schlechte Gewissen, und er schickte seine Kameraden fort. Kaum hatten sie das Haus verlassen, konnte er nicht länger beschämt schweigen, vielmehr bat er seine geduldige Frau um Verzeihung für alle seitherigen Schläge und Schimpfworte. Künftig werde er das Wirtshaus und die schlechte Gesellschaft meiden, wo er sich bisher aufgehalten habe.

Später erklärte Pfarrer Flattich jener Frau, als sie das verordnete Mittel nicht mehr anzuwenden brauchte: »Wenn ich dir befohlen hätte, den Mann mit Geduld zu tragen, so hättest du doch nicht das Maul halten können. Nun aber wirf den Stein weg und trage den Mann mit Geduld.«

Bei einer ähnlichen Begebenheit habe Flattich der betroffenen Frau ein Arzneiglas mit Wasser mitgegeben. Sie solle den Inhalt löffelweise einnehmen, aber nicht schlucken, während ihr Mann komme und solange er noch nicht schlafe. Halte sie sich nicht daran, sei das Mittel schädlich. Nachdem ihr dies geholfen und sie den Inhalt des Glases aufgebraucht hatte, wollte sie es wieder bei Flattich nachfüllen lassen. Dieser verwies sie jedoch auf den nahen Bach – dort könne sie das Gewünschte selbst holen.

Eine weitere Ehefrau, die sich bei Flattich über ihren Mann beklagte, forderte der Pfarrer auf, ihm alles Schlechte über ihn zu berichten. Sie zog nun über ihren Gatten los. Als sie endlich damit fertig war, wollte Flattich wissen, ob sie jetzt am Ende sei. Sie bestätigte dies. Nun fragte er die Frau: »Hat denn Euer Mann gar nichts Gutes, sondern nur Böses an sich?« Als sie dies verneinte, riet ihr der Seelsorger: »Denkt immer zuerst an das Gute, das Euer Mann immer noch an sich hat, dann werdet Ihr sein Böses eher ertragen.« Ihre Sanftmut würde ihn schließlich davon heilen.

Dem Freiherrn von Harling empfahl sein Seelsorger, bei aufgetretenen Ehezwistigkeiten lieber nachzugeben. Tue man dies, so finde man, dass die Ursache hierzu meist Kleinigkeiten gewesen sind.

Weitere seelsorgerliche Ratschläge zu verschiedensten Anlässen finden sich in Flattichs Tagebüchern. So riet er z. B. seiner Tochter Beata Regina und ihrem Mann, seinem Schwiegersohn Philipp Matthäus Hahn in Kornwestheim, ihrer Magd, die von einem Uhrmachergesellen ein Kind erwartete, zu vergeben, wenn sie ernstlich bereue und sich bessere. Die Liebe decke der Sünden Menge.

Als Frau von Harling eines Tages klagte, ihr Mann mache ihr Vorwürfe, weil sie anderen Leuten die Säcke flicke, die eigenen aber die Mäuse fressen lasse, beteuerte ihr Pfarrer Flattich, gerade dies sei wahres Christsein, denn auch Jesus habe am Kreuz Vorwürfe erhalten: anderen hat er geholfen, sich selbst kann er nicht helfen. Wer zufrieden sein wolle, halte sich herunter zu den Niedrigen. Während die Ehre bei Höheren oft Missvergnügen hervorrufe, gebe die Liebe zu Niedrigen Gelegenheit, vergnügt zu sein. Alles, was geboten sei, solle man tun; man dürfe nicht nur nach Lust und Neigung handeln. Als Pfarrer habe er deshalb nie nach einer höheren Stellung getrachtet, sondern blieb lieber Dorfpfarrer und Erzieher, weil hohe Herren schlimmer seien als einfache.

Einem Schlossbediensteten, der viel Ärger mit schlechten Mitarbeitern hatte und deshalb weggehen wollte, riet Flattich zu bleiben und auch Trübsal auf sich zu nehmen. Wie ein Kind den Vater, so solle auch ein Christ Gott sorgen lassen.

Ein Ehepaar, dem ein Kleinkind durch die Ungeschicklichkeit seiner kleinen Schwester gestorben war und das sich deshalb große Vorwürfe machte, sagte Flattich, dass sich durch Vorsicht niemand vor einem Unfall bewahren könne, viel weniger ein Kind.

Dass Flattich gelegentlich auch einmal eine Unterstützung verweigern konnte, zeigte er gegenüber einem Soldaten. Als sich dieser darüber beschwerte, entgegnete er ihm, dass er nicht bedürftig sei und es keinen Anlass gebe, ihm und seiner Frau bei ihrem Wohlleben und Müßiggang zu helfen.

Nachdem einer alten, notleidenden Frau die Erlaubnis zum Betteln amtlicherseits erteilt worden war, sprach sich Flattich dagegen aus. Man dürfe niemanden zum Betteln zwingen, zumal sich die Frau dabei schämen müsse und dies für sie keine gute Tat, sondern eine Schande bedeute. So entstehe statt des Nutzens ein Schaden. Diene man anderen in Treue, so erfahre man selbst Fürsorge.

Eine Pfarrersfrau suchte Flattich nach dem Tode ihres Mannes dadurch zu trösten, indem er ihr sagte, sie sei ja noch jung; wäre ihr Mann erst 20 Jahre später gestorben, so wäre sie schwächer und zögerlicher als jetzt.

## Der tatkräftige Helfer in Nöten

Bei allen geschilderten guten Ratschlägen war sich Flattich dessen völlig bewusst, dass gute und fromme Worte allein nicht ausreichten, um Menschen in Not zu helfen. Daher war er, ähnlich wie sein Zeitgenosse Johann Friedrich Oberlin im elsässischen Steintal oder später Gustav Werner in Walddorf und Reutlingen sowie viele andere wackere Zeugen des Geistes und Willens Jesu, jederzeit zur praktischen Hilfe bereit. Hatte er damit schon in seinen früheren Gemeinden Ernst gemacht, so sollte ihm gerade in den hereinbrechenden entbehrungsreichen Hungerjahren und Missernten, Ausbeutung durch den steuerhungrigen Staat und Plünderungen durch fremde Soldaten genug Gelegenheit dazu geboten werden. Flattich selbst führte auch deswegen einen äußerst bescheidenen Lebensaufwand, um jederzeit wirklich Bedürftigen möglichst tatkräftig beistehen zu können. Er hielt sich an den Rat aus Apostelgeschichte 20, 28: »Geben ist seliger als nehmen.«

So wurde ihm einst durch einen Verwandten eine Einladung zu Präsident Georgii in Stuttgart in die Kirchenleitung vermittelt, der ihn gerne persönlich kennen lernen wollte, nachdem er viel Gutes über ihn gehört hatte. Allerdings solle er in einem besseren Anzug erscheinen, als er ihn sonst zu tragen pflege, um kein Ärgernis zu bereiten. Flattich war einverstanden und beabsichtigte, sich für 30 Gulden, die ihm seine Tochter dazu mitgegeben hatte, in Stuttgart das Passende einzukaufen. Kurz vor der Stadt hörte er auf einmal aus einem Kornfeld Klagelaute und traf auf eine Frau, die ihre Arbeit, das

Mähen von Gras am Wegrain, mit Weinen und Seufzen begleitete. Flattich erkundigte sich nach dem Grund ihres Kummers, aber sie wollte ihm im Blick auf seine ärmliche Erscheinung keine Auskunft geben, denn sie dachte, dass er ihr ja doch nicht helfen könne. Als er aber weiterfragte, was ihr denn fehle, berichtete sie ihm, ihr Mann sei ein Trinker, so dass ein Acker nach dem anderen verkauft werden müsse. Jetzt wolle der Schultheiß wegen einer eingeklagten Schuld sogar ihren letzten Besitz, eine Kuh, verkaufen, was sie vollends an den Bettelstab bringe. Daraufhin wollte Flattich die Höhe ihrer Schuld wissen. Als er dann vernahm, es seien 30 Gulden, zog er diese Summe Geldes aus seiner Tasche und gab sie der Frau. Er riet ihr, mit ihrem Manne Geduld zu haben und für ihn zu beten. Zugleich sprach er in der Gewissheit eines Propheten: »Nun wird Ihr Mann nicht mehr trinken.«

In Stuttgart borgte er sich dann bei einem Verwandten acht Gulden zum Kauf eines einfachen Rockes. Dabei war er des festen Glaubens, der Präsident werde von Gott so geführt, dass er gar nicht auf seine Kleidung achte. Dies traf dann auch zu.

Zwei Jahre später war Flattich mit einem Mann aus Münchingen unterwegs und kam auch durch Feuerbach. Plötzlich löste sich eine Frau aus einer Gruppe emsig Wäsche waschender Frauen und rief den anderen zu: »Seht, da ist der Mann, der mir geholfen hat.« Schnell sprang sie auf Flattich zu, drückte ihm dankbar und freudig die Hand und sagte: »Denk Er nur, mein Mann betrinkt sich nimmer.«

Die bereits geschilderte Versorgung von über 30 Durchziehenden im Pfarrhaus ist es wert, in diesem Zusammenhang erneut genannt zu werden.

Selbst und gerade in den Hungerjahren teilte Flattich gerne mit jedem, der mit der Bitte um Hilfe an seine Türe trat. Zwar konnte der Tisch im Pfarrhaus zu jener Zeit nur dürftig gedeckt werden, aber es sollte immerhin für jeden Ankömmling reichen. Doch dauerte die Hungersnot schließlich so lange, bis auch die letzten Lebensmittelvorräte im Haushalt aufgebraucht waren. So musste Tochter Friederike zuletzt dem Vater melden, dass zwar arme Kinder draußen stünden und um ein Stück Brot bettelten, sie aber selbst keines mehr hätten. Sie fragte daher, ob sie auch jetzt noch etwas weggeben müsse. Ihr Vater wollte daraufhin wissen, ob denn gar kein Brot mehr im Hause sei, worauf die Tochter gestand, ein Restchen vom gestern angeschnittenen Brot sowie ein ganzer Laib seien noch da. Dies reiche jedoch kaum bis zum nächsten Tag; Frucht sei auch keine mehr vorhanden. Dies ließ Flattich jedoch nicht gelten: »Geh und teile den Kindern soviel aus wie sonst.« Er fügte das Bibelwort aus Psalm 33 hinzu: »›Siehe, des HERRN Auge achtet auf alle, die ihn fürchten, die auf seine Güte hoffen, dass er sie errette vom Tode und sie am Leben erhalte in Hungersnot.‹ Wir wollen auf den Herrn harren, so wird er uns auch in der Teuerung (Hungersnot) ernähren.« Die Tochter gehorchte, aber in ernster Sorge, woher sie in Zukunft Getreide für das Brot nehmen sollten.

In dieser Zeit durfte Flattich in seinem sorglosen Gottvertrauen die Wahrheit des Liedverses erfahren: »Wenn die Stunden sich gefunden, bricht die Hilf mit Macht herein.« Während er sich nämlich seinen Studien widmete, betrat eine begüterte Nachbarin sein Zimmer und sprach ihn sogleich darauf an, dass in seinem Haushalt das Mehl wohl zu Ende gehe, weil sie mit Verwunderung beobachte, dass keiner der zahlreichen Bettler ohne ein Stück Brot sein Haus verlasse. Da habe sie immer zu ihrem Manne gesagt, für unseren Herrn Pfarrer einige Scheffel Getreide auf die Seite zu legen, denn bei ihm werde es bald daran mangeln. Brauche er also welches, könne er soviel wie nötig holen lassen und nach der nächsten Ernte wieder zurückgeben. Dankbar gegen Gottes Durchhilfe machte Flattich Gebrauch von diesem Angebot, und es reichte auch bis zur kommenden reichen Ernte.

Seiner Tochter aber gab er zu bedenken: »Darum steht geschrieben: ›Er hat beide, die Kleinen und die Großen gemacht und sorget für alle gleich.‹ So hat er auch für die Kleinen, die heute morgen um Brot baten, durch uns Große gesorgt.«

Als Seelsorger der Armen wehrte er sich gegen alle ungerechte Behandlung und Beurteilung, die ihnen widerfuhr. So widersprach er einem benachbarten Pfarrer, als dieser mit einem Bettler ein richtiggehendes Verhör durchführte, ob der Betreffende überhaupt der Hilfe wert wäre. Schließlich wurde er mit einer kleinen Gabe weggeschickt. Flattich sagte zu diesem Verhalten, er sei froh, dass in seiner Bibel nur stehe: »Gib dem, der dich bittet, und wende dich nicht von dem, der dir abborgen will«, aber nicht, wie eben geschehen: »Examiniere ihn vorher, ob er's auch wert ist.« Er sei deshalb solcher Mühen und Sorgen enthoben. Der Bekannte habe künftig keine Prüfungen mit Bettlern mehr durchgeführt.

Pfarrer Flattich verteidigte einmal bei einem Besuch im Schloss Nippenburg einige Leute, die der Jäger bei dem Grafen Leutrum als Holzdiebe angezeigt hatte. Als sich dieser darüber aufregte, beschwichtigte ihn Flattich: »Do han i do jetzund, diese Leute stehlen, weil sie kein Brot haben.« Gäbe man ihnen Arbeit, so bräuchten sie kein Holz zu holen, um Brot zu backen. Wären sie satt, so würden sie es auch besser in kalten Zimmern aushalten.

Als Flattich eines Tages ohne Schuhe, nur in Strümpfen oder gar barfuß nach Hause gekommen war, wollte seine Frau den Grund wissen und erfuhr: Unterwegs war ihm auf schlammbedecktem Weg ein Schuh im Matsch stecken geblieben. Da ihm ein Schuh alleine nichts nütze, sei es am besten gewesen, auch den andern daneben zu stellen, so dass demjenigen geholfen sei, der das Paar Schuhe finde.

Den Diebstahl von 100 Gulden verschmerzte er mit der Bemerkung, der Dieb habe wohl das Geld noch nötiger brauchen können als er. »Aber«, fuhr er fort, »wenn ich's selbst wieder brauche, wird er es mir zurückbringen.«

Tatsächlich gab der Mann, den man des Diebstahls verdächtigt hatte, Flattich die Summe nach einem Jahr vollständig zurück und gestand seine Schuld. Flattich zu ihm: »Do han i do jetzund. Ich wusste es wohl, dass du mir das Geld wieder bringen musstest. Jetzt wäre ich dir dafür noch einen Lohn schuldig, es ein Jahr für mich aufbewahrt und nun zurückgegeben zu haben.«

Mehrere hundert Gulden, die er von einem kinderlos verstorbenen Vetter geerbt hatte, verlor der Pfarrer durch unvorsichtiges Ausleihen. Zunächst machte ihm die Angelegenheit zu schaffen, doch als er hörte, der Vetter habe sein Geld unrecht erworben, stellte er beruhigt fest, dass er dieses Geld wohl los sei, da unrecht Gut nicht auf den dritten Erben komme (Roos, S. 29 f.).

## Der Tod der Pfarrfrau

Dem treuen Seelsorger blieb die Schule des Leidens und des Leides persönlich nicht erspart. Nach dem herben Verlust aller in Münchingen geborenen fünf Kinder in ihren ersten Lebensjahren starb im Dezember 1771 nach nur sechstägiger Krankheit viel zu früh, erst 51 Jahre alt, Flattichs Frau. Er würdigte sie mit dem 1771 niedergeschriebenen Nachruf im Münchinger Totenbuch (vgl. Münchinger Heimatbuch, S. 337): »Eine Ehegattin, die für ihren Ehemann treulich besorgt war, eine Mutter von 14 Kindern, davon acht tot und sechs, nämlich zwei Söhne und vier Töchter, noch leben; eine Stiefmutter von mehr als 200 jungen Leuten, die sie seit dreißig Jahren in der Kost und Information (Unterweisung) ihres Mannes treulich verpflegte; eine Hausfrau, die Mägde und Tagelöhnerinnen ohne Herrschsucht mit Liebe und Sanftmut behandelte; eine Pfarrerin, die nicht herrschsüchtig und eigennützig war, sondern in Gottesdiensten, Demut, anhaltender Arbeit und anderen Tugenden der Gemeinde ein gutes Exempel gab, eine Guttäterin, die sich's sauer werden ließ, nur Gutes tun zu können und die es für seliger hielt, zu geben als zu nehmen, eine Kreuzträgerin, die von Kindheit auf durch ihren Waisenstand, durch viele Geburten, durch kränkliche und sterbende Kinder, durch eine schwächliche Leibeskonstitution und manche harte Krankheiten bewährt wurde, ist eine Überwinderin, die in Glauben und Geduld auch bei den sechstägigen heftigen Schmerzen gestorben ist.« Nacheinander versorgten den verwitweten Vater 25 Jahre lang bis zu dessen Tod die Töchter Veronika (bis zu ihrer Heirat 1776), Helene und Friederike.

## Flattichs Tochter Beata Regina und seine Enkelin Beate Paulus, geb. Hahn

Flattichs fünftes Kind *Beata Regina* wurde sein bekanntestes und bedeutendstes. Am 9. November 1757 im Pfarrhaus zu Metterzimmern auf die Welt gekommen und als Mädchen vom Vater zusammen mit seinen Zöglingen in Latein und theologischem

Grundwissen unterrichtet, heiratete die Achtzehnjährige im Jahre 1776 Philipp Matthäus Hahn (1739–1790), damals Pfarrer in Kornwestheim. Während der 14 Jahre währenden, keineswegs spannungsfreien Ehe mit dem 18 Jahre älteren Hahn war sie ihrem technisch und theologisch begabten Mann dennoch zur denkbar besten Gehilfin geworden. Sie betreute die zahlreichen Gäste, die Hahn in den Pfarrhäusern in Kornwestheim und – ab 1781 – in Echterdingen aufsuchten, führte Interessenten durch die Werkstatt ihres Gatten und verhandelte auch mit abgabepflichtigen Bauern. Später trug sie wesentlich zur Veröffentlichung und Verbreitung der erbaulichen und theologischen Schriften ihres Mannes bei, nachdem sie bereits zuvor Nachschriften seiner verschiedensten Erbauungsstunden angefertigt hatte.

Als Hahn 1790 starb, lebten von den ursprünglich acht Kindern der Ehe noch vier: die 12jährige Beate, die elfjährige Christina, der fünfjährige Philipp Matthäus und der erst ein Jahr alte Friedrich. Sich und ihre Kinder musste Beata von nun an allein versorgen, wobei sie in den restlichen 34 Jahren ihres Lebens Aufnahme und Unterstützung an verschiedenen Orten bei zahlreichen Verwandten der Familie Flattichs fand, z. B. bei Pfarrer Hosch in Gärtringen und immer wieder bei ihrer – mittlerweile verheirateten – Tochter Beate. Der frühe Tod ihrer Söhne Philipp Matthäus, Student in Tübingen, und Friedrich, Seminarist in Maulbronn, traf sie außerordentlich schwer; dies konnte sie jahrelang kaum verkraften.

Umso inniger pflegte sie die herzliche Verbundenheit mit ihrer Tochter Beate, die im Alter von 22 Jahren im Jahre 1800 den 15 Jahre älteren Pfarrer Karl Friedrich Paulus geheiratet hatte. Dieser war in den Gemeinden Klosterreichenbach (bei Freudenstadt), Ostelsheim (bei Calw) und – die längste Zeit – Talheim (bei Tuttlingen) tätig. Die Sorge um die möglichst optimale Erziehung und Schulbildung ihrer Enkel füllte Beatas Leben ganz aus und brachte sie in Differenzen zu ihrem Schwiegersohn, wobei sie allerdings von ihrer Tochter Beate Rückhalt bekam und Übereinstimmung fand. 1819 gelang es ihr, ihre drei ältesten Enkel einige Jahre lang in Güglingen im Zabergäu unterzubringen, worüber sie in der »Rettungsgeschichte meiner Enkel« Näheres mitteilte. 1822 kehrte sie nach

Münchingen zurück und fand Unterkunft bei ihrem Bruder Christian Ludwig, dem Nachfolger seines Vaters im Pfarramt. Kurze Zeit später starb dieser, und Beata zog mit seiner Witwe in eine dürftige Bleibe am Ort. Dort starb sie im Jahre 1824 im Alter von 67 Jahren.

Die Ehe ihrer Tochter *Beate* hatte unter ständigen Versuchen der Einflussnahme von seiten ihrer wohlsituierten Schwägerin erheblich zu leiden. Diese Ehe war wiederholt mit materiellen Sorgen belastet, denn die erwähnten Pfarrstellen des Mannes brachten nicht viel ein. Nur festes Gottvertrauen und treues, inständiges Gebet – so bezeugt ihr Sohn Philipp Paulus in dem Buch »Was eine Mutter kann« – halfen Beate oft in wunderbarer Weise aus erheblichen Schwierigkeiten. Sie durfte wahre Gebetserhörungen erfahren. Als 1828 ihr Mann im Alter von 65 Jahren im Frieden mit Gott und seiner Familie starb, ließ er die Seinen mittellos zurück. Beates Schwägerin Caroline betrauerte ihren Bruder damals mit beredten Worten: »O wie schade ist es um den talentvollen Mann, dass das Schicksal ihm keinen großen Wirkungskreis geöffnet« hat. Ihre darauffolgende Begründung für diese Behauptung klingt bitter: »Es dauert mich unbeschreiblich, dass er an der unglücklichen Wahl seiner Gattin zugrunde gehen musste …, dieser stockeigensinnigen Pietistin.«

*Beate Paulus geb. Hahn*

Dieses Bild ist allerdings völlig verzerrt. Schon vor seiner Heirat mit Beate hatte sich nämlich Paulus durch unvorsichtig geäußerte kritische Bemerkungen zur modernisierten, rationalistisch gefärbten Liturgiereform König Friedrichs I. von Württemberg im Jahre 1809 eine dauerhaft nachwirkende negative Beurteilung seitens seiner Kirchenleitung zugezogen. Zugegebenermaßen hatte Pfarrer

Paulus allerdings eine andere geistliche Einstellung als die seiner Frau eingenommen. So konnte er über Beate spötteln, »in Talheim gebe es 30 Pietisten, seine Frau Beate gelte für 24 und außerdem seien noch sechs weitere Frauen da« (zum gesamten Abschnitt s. Steck, S. 56 f.).

Sowohl für Beatas schwere Lebensführung wie für die ihrer Tochter Beate passt, was Philipp Matthäus Hahn zur Hochzeit von Regina Veronika Flattich mit Wilhelm Friedrich Trautwein am Himmelfahrtsfest 1776 gepredigt hatte: »Kommt etwas Widerwärtiges ... in den Weg, so denket, es ist bei weitem nicht so groß, als Jesu Leiden war. Gott ist Vater und bleibt Vater, auch wenn er sein Angesicht eine Zeit lang verbirgt« (Ledderhose, S. 70).

## Flattich und sein Schwiegersohn Philipp Matthäus Hahn

*Philipp Matthäus Hahn*

Nachdem der Kornwestheimer Pfarrer Philipp Matthäus Hahn (1739–1790), ein gründlicher Theologe, genialer Techniker und gemeinschaftsfördernder Pietist, am 9. Juli 1775 seine erste Frau verloren hatte, sah er sich bald nach einer neuen Gemahlin um. Als Pfarrer der Nachbargemeinde von Pfarrer Flattich versah er manchen Dienst in dessen Münchinger Gemeinde. Wie Hahns Tochter Beate Paulus in ihrem Buch »Was eine Mutter kann« später erzählte, sei es oft vorgekommen, dass ihr Vater vormittags im Gottesdienst in Kornwestheim bekannt gegeben habe, nachmittags in Münchingen in der Kirche zu predigen, weshalb die Kinderlehre eine Stunde früher als gewöhnlich stattfinde. Ein großer Teil der Gemeinde – Männer, Frauen und Jugendliche – hätte sich dann Pfarrer Hahn auf dem Weg übers lange Feld angeschlossen, wo sie in Münchingen eine wartende und singende Gemeinde in der Kirche empfangen habe.

Johann Caspar Lavater hat Hahn in die Reihe seiner Physiognomien aufgenommen und ihn aufgrund seiner Augen als tiefdenkenden Menschen beschrieben, den er auch aus seinen Schriften als großen Theologen kenne. Flattich kritisierte dies und bemerkte warnend, dass man einen Menschen nicht aufgrund seines Äußeren richtig kennen und beurteilen könne. So habe auch Philippus das tückische Herz des Magiers Simon nicht sehen können (Apostelgeschichte 8,9–24). Nur Gott kann Herzen ergründen.

Im Hause Flattich lernte Hahn dessen Töchter kennen und fand Gefallen am »lieblichen Wesen« von Helena und Beata Regina, nicht aber, wie er in seinem Tagebuch festgehalten hat, an ihrem Aussehen. Um nun erkennen zu können, welches der beiden Mädchen für seinen Haushalt geeigneter sei, bat Hahn den Vater Flattich, jede abwechselnd einige Zeit in sein Pfarrhaus kommen zu lassen. Anfangs hatte er sein Hauptinteresse auf Helena gerichtet, die ihm von ihrem Vater besonders empfohlen worden war. Schließlich entschied er sich aber doch für die jüngere Beata: »O, wenn ich diese bekommen könnte, die könntest du auch lieben.«

Am Ende des Jahres 1775 entschloss sich Philipp Matthäus Hahn, sie zu heiraten. Am 11. Januar 1776 vollzog Pfarrer Flattich die Trauung in der Münchinger Kirche. Diesbezüglich notierte Hahn in seinem Tagebuch: »War selbst etwas verdrießlich und hätte gerne geändert, wenn ich's hätte ändern können, und eine andere genommen.« In der Kirche sei er, da der Pfarrer Flattich eine Rede gehalten habe, »durch den Gesang mächtig von Gott angerührt und gestärkt« worden. Der Text lautete: »Ich will ihm eine Gehilfin machen, die um ihn sei« (1. Mose 2,18). (Vgl. Bertsch, S. 112 ff.)

Beata selbst hatte – den Angaben ihrer Tochter Beate Paulus zufolge – bei ihrem Vater Latein, Griechisch, Hebräisch, Geometrie bis zur Universitätsreife studiert. Dieser vermittelte ihr auch treffliche Lebensweisheiten. So gab er ihr auf den Weg in die Ehe nach Kornwestheim den Rat mit: »Allen Leuten kann es niemand recht machen. Eine Frau muss nur dafür sorgen, dass ihr Mann mit ihr zufrieden ist.« Seiner Tochter Helena hatte er einmal geraten, sich im Haushalt auch Widerwärtigkeiten gefallen zu lassen. Denn wenn man einen Acker habe, sei auch Unkraut dabei.

Als Familie Hahn 1781 von Kornwestheim nach Echterdingen auf die neue Pfarrstelle umzog, ließ sie das Töchterlein Beate mehrere Jahre lang beim Großvater Flattich zurück, bevor es zu den Eltern und Geschwistern zog. 1790 starb Pfarrer Philipp Matthäus Hahn und ließ seine Frau, erst 32 Jahre alt, mit vier Kindern schlecht versorgt zurück. Deshalb kehrte Beata Regina mit Familie zunächst zu Vater Flattich nach Münchingen zurück, wo sie neben dem Pfarrhaus eine Wohnung beziehen konnte. Das Pfarrhaus selbst wurde ja noch von den Kostgängern mitbewohnt und konnte keinen Platz für zusätzliche Gäste bieten. Jedoch konnten Flattichs älteste Enkel Beate und Philipp am Unterricht ihres Großvaters teilnehmen. Als bald darauf Beatas Magd starb, sollte sie nach Flattichs Urteil keinen Ersatz erhalten, denn ihre Töchter seien jetzt groß genug, um den Haushalt zu versehen. Nach dem Tode Flattichs wirkte seine Enkelin Beate in seinem Sinne, als sie bei der Gründung einer Erziehungsanstalt in Korntal und später in Ludwigsburg maßgeblich beteiligt war.

## Flattich und sein Schwiegersohn Wilhelm Friedrich Trautwein

Flattichs Tochter Veronika heiratete am 16. Mai 1776 Wilhelm Friedrich Trautwein (1745–1811), der Schreiber in Weinsberg war. Als sie nach ihrer Heirat aus Münchingen wegzog, wurde dies im Ort sehr bedauert. Mit ihr und ihrem Gatten Trautwein unterhielt Flattich einen regen Briefwechsel. Einzelnes dazu hielt er in seinen Tagebüchern fest. So mahnte der Münchinger Pfarrer z. B. seine Tochter, für ihren geliebten Mann Gott zu danken. An ihrem neuen Wirkungsort Weinsberg solle sie bedenken, dass man nicht von der Ehre, sondern von der Liebe lebe.

In diesem Zusammenhang berichtete Flattich einmal im Tagebuch, Prälat Oetinger einst um Rat gefragt zu haben, wie man Geduld lernen könne. Er gerate dabei nämlich entweder in Trägheit und Verlegenheit oder werde, um solches zu meiden, zu feurig. Wie könne er beides miteinander verbinden? Daraufhin habe ihn Oetinger ermutigt: Wenn es ihm mit der Geduld ernst sei, werde er dies allmählich lernen.

Seinen Schwiegersohn Trautwein lobte Flattich, weil dieser einem 18-jährigen fleißigen und anständigen Apothekersohn kostenlos Unterricht erteilte. Liebe und Dienst brächten viel Freude. Ein weiteres Lob zollte Flattich seinem Schwiegersohn, weil dieser über seine Bemerkungen nachdenke. Solches rühre den Verstand und sei auch bei Schülern schon zu beobachten, dass erst durch eigenes Nachdenken kapiert werde, was man zuvor oft gesagt bekommen habe.

Als Schwiegersohn Trautwein aus Rücksicht auf seine Frau die finanzielle Lage der Familie verbessern wollte, erhielt er Flattichs Empfehlung, zwischen der Suche nach Arbeit und der nach einem großen Einkommen zu unterscheiden. So habe ein Schulmeister trotz reicher Heiratsangebote ein unbemitteltes Mädchen zur Frau genommen und sei dank des göttlichen Segens gut durchgekommen.

# 6. FLATTICH ALS ERZIEHER UND PÄDAGOGE

## Flattichs Betätigungsfelder als Pädagoge, Erzieher und Pfarrer

Die kluge, einfühlsame, schlagfertige und aufrichtige Art Flattichs beim Umgang mit Menschen zeigte sich sowohl in seiner seelsorgerlichen als auch in seiner erzieherischen Tätigkeit. Die bisher dazu geschilderten Wesenszüge und Wirkungsweisen des Pfarrers und Erziehers fanden in den Münchinger Jahrzehnten ihre beständige Fortsetzung mit sichtbaren Fortschritten, so dass ihre ausführliche Darstellung in diesem Zusammenhang vollauf gerechtfertigt erscheint. Der Bekanntheitsgrad Flattichs in Württemberg und darüber hinaus lassen jetzt von der Blütezeit seines vielfältigen Wirkens reden.

Dem aufmerksamen Beobachter stellen sich dabei zwei wichtige Fragen. Die erste betrifft das Pfarrersehepaar: Wie konnte es neben der eigenen, ständig wachsenden Familie und der altersbedingt notwendig gewordenen Pflege der Mutter Flattichs täglich zwischen 12 und 20 sog. Zöglinge oder Kostgänger bei sich aufnehmen, verpflegen, erziehen und unterrichten? Woher bezogen sie Kraft und Mittel zu diesem enormen und engagierten Einsatz? Gab es doch damals noch keine besonderen Möglichkeiten der Entspannung und Erholung wie heutzutage Reisen und Urlaub und auch nicht die unvergleichlich bessere medizinische Betreuung, die wir heute haben! Bis zum Tode von Christina Margaretha Flattich im Jahre 1771 konnten beide Ehepartner im beschriebenen Pflichtenkreis uneingeschränkt durchhalten. Die bis an die Grenzen des Menschenmöglichen reichende Stärke findet ihre Quelle in einem unbedingten und unverbrüchlichen Gottvertrauen.

Das mag das folgende Beispiel veranschaulichen: Flattichs Patronatsherr General von Harling schlug eines Tages seinem Pfarrer vor, er solle das Kostgeld seiner Zöglinge doch erhöhen, da er ja bei den Ärmeren unter ihnen sowieso auf jede Bezahlung verzichte. Flattichs Antwort lautete knapp und klar beziehungsreich: »Das habe ich schon getan, ich habe bereits den *Segen Gottes* mit dazugerechnet« (Roos, S. 99).

In der Tat war Flattich und seiner Frau am Segen Gottes alles gelegen. Aus einer solchen Einstellung heraus belehrte der Pfarrer einmal ein Münchinger Gemeindeglied. Dieses beklagte sich bei seinem Seelsorger, obwohl es alle »Kreuzerlein« genauestens notiert habe, seien seine Ausgaben zu hoch. Flattich sagte ihm daraufhin, dass er beim Zusammenzählen des Geldes einen »Hauptposten« weglasse. Nun wollte der Mann wissen, worin denn dieser bestehe. Flattich gab ihm die erbetene Auskunft: Das ist der Segen Gottes.

Diesen »Hauptposten« durfte Pfarrer Flattich auch in seinem Erziehungswerk persönlich erfahren. Er musste nämlich wegen der wachsenden Schar von Kostbewerbern das Pfarrhaus baulich erweitern lassen, um sie alle aufnehmen zu können. (Der neue Teil des Hauses – der sogenannte »Flattichbau« – blieb später lange Zeit ungenutzt.)

Obwohl es am Ort eine eigene, allgemeine, von der Kirchengemeinde abhängige Schule für die Dorfkinder gab, öffnete Flattich auch diesen seine Privatschule, die wir heute »Internat« nennen würden. Auch Bauernsöhne konnten dort Latein lernen. Das putze ihre Köpfe aus, beschied Flattich einem Mann, der dies bemängelte. Außerdem erschloss der Pfarrer dadurch selbst armen Kindern die Möglichkeit, später beruflich in höhere Stellungen aufzusteigen. Denn unter den jungen Leuten, die in Flattichs »Informationswerk« lernten, waren alle damaligen Stände – also alle sozialen Schichten – vertreten: Adel, Bürger, Bauern und Weingärtner.

Statt nach äußeren Erfolgen, materiellem Gewinn und staatlicher Anerkennung zu trachten, schlug bei Flattich der innere Gewinn allein zu Buche, den er persönlich – wie er ausdrücklich bekundete – nicht nur von guten, sondern auch von schlechten Schülern erwartete und tatsächlich im Laufe der Zeit entgegennehmen konnte. Manche seiner Kostgänger wollte er aus Dankbarkeit für die durch sie erworbene Erfahrung und Erweiterung seiner Erkenntnisse auf pädagogischem Gebiet selbst um viel Geld nicht mehr missen.

Äußerst wichtig erschien Flattich auch die Tatsache, dass er selbst nie Schüler gesucht und angeworben habe. Diese seien vielmehr ohne seine Bemühungen zu ihm gekommen. Wenn er dabei nicht um den göttlichen Ruf wüsste – meinte er einmal –, so wäre er jeden Moment unsicher, was die jungen Leute anstellten. Indessen sollte alles zur Ehre Gottes und zum Nutzen der Nachkommenschaft geschehen.

Einwände gegen sein Erziehungswerk durften Flattich nicht irritieren. Zu seiner Bestätigung erzählte er folgende Begebenheit: Einst habe ein alter Mann ein junges Bäumchen gepflanzt. Man fragte ihn, warum er dies tue, da er doch keinen persönlichen Nutzen mehr davon habe. Er gab zur Antwort, dies tue er Gott zu Ehren und seiner Nachkommenschaft zu Nutzen. Flattich folgerte daraus, ebenso sollten Eltern handeln, indem sie nicht eigenen Vorteil suchen, denn sonst folge Leid statt Freude.

Aufgrund seines festen Vertrauens in Gottes Hilfe, täglichen Schutz und Beistand konnte Flattich die ihm anvertrauten Kinder ohne Ängstlichkeit, aber stets verantwortungsbewusst betreuen. Nachdem einmal einer seiner waghalsigen Zöglinge aus einem Fenster gestürzt war, sich aber wunderbarerweise dabei nicht verletzt hatte, warf eine Nachbarin dem Pfarrer vor, er sei bei der Beaufsichtigung seiner Zöglinge leichtsinnig. Flattich beugte sich in Sanftmut unter diesen unberechtigten Vorwurf, wobei er laut eigenem Bekunden Jesu Vorbild folgen wollte. Wenige Tage nach diesem Ereignis brach sich das Kind jener Kritikerin den Arm. Beim anschließenden Besuch spielte Flattich auf ihren Tadel an und sagte freundlich zu ihr: »Ich befehle meine Kinder und Kostgänger jeden Morgen Gott an. Hat Sie das mit Ihrem Kinde heute auch getan?«

Dieser *Geist des Gebets* in Flattichs Erziehertätigkeit erwies sich auch, wenn es im Elternhaus mancher Zöglinge Erziehungsprobleme gegeben hatte. So brachte ein Oberamtmann seinen schwererziehbaren Sprössling mit der Bemerkung zu Flattich, er habe alles versucht, seinen Sohn zu bessern, aber alle Mühe sei vergeblich gewesen. Flattich ließ ihn nun alle ergriffenen Erziehungsmaßnahmen aufzählen. Darunter waren auch Schläge gewesen. Flattich forschte weiter: »Hat Er mit ihm auch schon gebetet?« Der Vater verneinte. Nun, so werde er – Flattich – dies künftig mit dem Jungen tun. Auf eine solche Art und Weise brachte der begnadete Pädagoge im Lauf der Zeit viele seiner zunächst als schwererziehbar geltenden oder gar als hoffnungslose Fälle aufgegebenen Jugendlichen auf den nutzbringenden Weg des Fleißes, der Ordnungsliebe, des Anstandes und guter Sitten, nicht zuletzt auch des Gottvertrauens.

IX.

Concentrirte

Actenmäßige Nachricht

Von der herrlichen

Kirchen-

und

Schulen-Verfassung

des Herzogthums

Würtemberg,

wie sich solche im Jahr 1784 würklich befunden hat.

Bb 3

*Verbindliche Richtlinien für das Schulwesen im Herzogtum Württemberg zur Zeit Flattichs*

Bei aller erfahrenen Durchhilfe Gottes im Alltag des Pfarrers und Erziehers gab es oft auch drückende Beschwernisse für ihn und seine Frau, so dass sie in manchen Momenten nahe daran waren, diese pädagogisch-praktische Arbeit an den Kindern wieder ganz aufzugeben. In einer solchen Situation besuchte sie ein ehemaliger Zögling. Dieser bedankte sich zunächst für alles, was er im Münchinger Pfarrhaus vermittelt bekommen hatte, und erklärte sich daraufhin bereit, bei allen Liebesdiensten mitzuarbeiten. Durch dieses Erlebnis schöpfte das Ehepaar Flattich neuen Mut, das angefangene »Informationswerk« nicht einzustellen, sondern weiterzuführen. Flattich zog aus diesem Erlebnis die Schlussfolgerung: »Ein einziger Dankbarer macht, dass man an neun Undankbaren nicht müde wird.« Dabei stand ihm das Beispiel Jesu vor Augen, der unter zehn geheilten Samaritern nur einen einzigen fand, der dankbar gewesen war (Lukas 17,11–19).

Nun drängt sich eine zweite Frage förmlich auf: Wie konnte Flattich seine Pflichten als Pfarrer mit dieser Erziehertätigkeit vereinbaren, ohne das eine oder andere dabei zu vernachlässigen? Denn Flattich hatte ja in Münchingen wesentlich mehr Pflichten in seinem Pfarramt zu erfüllen als zuvor in Metterzimmern oder gar in Hohenasperg. Laut eigenem Bekunden musste er deswegen in seiner neuen Gemeinde darum ringen, wie er »die viele Mühe und Beharrlichkeit ohne Schaden verringern könnte«, wobei er auf die »Zucht« seiner Schüler mehr Mühe aufzuwenden hatte als für den eigentlichen Unterricht. Um daher die Kirchengemeinde nicht zu kurz kommen zu lassen und zugleich seine pädagogische Arbeit uneingeschränkt ausüben zu können, behielt Pfarrer Flattich den Vikar, der ihn bis zu seinem Amtsantritt in der neuen Stelle vertreten hatte. Ihm sollten später weitere Vikare folgen.

Außerdem sollte die Gemeinde durch die Kostgänger aus dem Pfarrhaus keinen Ärger bekommen. Seinen Schülern gegenüber musste Flattich immer wieder deutlich machen, dass er sich als Pfarrer der Gemeinde gegenüber gewissensmäßig stärker verpflichtet sah als ihnen. Er entschuldigte sich bei den Leuten, falls durch irgendeinen seiner Zöglinge etwas Unrechtes passiert war, und er bat sie um Geduld, Verständnis und Vergebung. Dabei lernte er nach eigenem Zeugnis, Liebe gegenüber Sündern zu üben und von Zwang und Gewalt Abstand zu nehmen, denn durch Druck oder Nötigung sei ohnehin nichts auszurichten.

# Zur Lebensweise Flattichs und seiner Schüler

Was Flattich seinen Schülern vorschrieb und abverlangte, lebte er ihnen persönlich bescheiden und zugleich bestimmend vor. Größten Wert legte er auf einen ausgewogenen Tagesablauf und eine gesunde Ernährungsweise. Vormittags wurde den Zöglingen eine nahrhafte Suppe gereicht, nachmittags und abends gab es dann das von Flattich hochgeschätzte gesunde Brot. Davon durfte jeder nehmen, soviel er wollte. Bevorzugten die Kostgänger einmal die harte Brotrinde, ein andermal das Weiche des Brotes, indem sie zugleich das andere verschmähten, so wurde am folgenden Tag der liegengebliebene Rest für die Suppe verwendet. Es durfte auf diese Weise nichts Essbares verderben. Flattichs Absicht war: Schmeckte den jungen Essern das Wiederverwendete nicht, so würden sie wenigstens in Zukunft nicht mehr leichtfertig mit der angebotenen Nahrung umzugehen.

Einer der Schüler war einmal 14 Tage lang zu Besuch bei vornehmen Freunden eingeladen gewesen und dort mit Torten und Pasteten sehr verwöhnt worden. Doch der Junge freute sich umso mehr auf seine Rückkehr zum einfachen Brot. Im Unterschied zu den Torten und Pasteten sei ihm nämlich dabei nie übel geworden. Die einfache Kost aus Flattichs Küche kräftigte selbst schwächliche Kinder und Jugendliche.

Damit die jungen Leute nicht nur über toten Büchern sitzen und lernen, sollten sie durch viel Bewegung im Freien gesund und munter bleiben und schließlich wieder zu neuem Lernen Freude bekommen (Roos, S. 204 f.). Auf diese Weise wollte und konnte Flattich auch ihr »Doktor« sein. Dankbar für Gottes Beistand stellte er fest, dass nie eines der ihm anvertrauten Kinder ernstlich erkrankt sei.

Eines Tages beanstandete ein vornehmer Besucher Flattichs Bildungsstätte mit der Bemerkung, er wolle in dem unangenehmen Geruch der vielen jungen Leute nicht leben. Flattich wusste, dass dieser Kritiker eine Hundezucht betrieb, und erwiderte: »Bei uns riecht es nur nach Menschen, bei Ihnen aber nach Hunden.«

In den von Flattich festgelegten Freistunden gestattete er seinen Zöglingen, nach Herzenslust zu springen, zu »schleifen«, Schlitten zu fahren, zu balgen und dergleichen. Durch Turnen und Laufen in der Natur wollte er die einseitig sitzende Haltung der jungen Menschen beim Lernen ausgleichen. Zugleich sollte die nötige Bodenhaftung ihrer Gedanken und Überlegungen nicht verloren gehen. Auch bei diesem Handeln verwies Flattich auf das Vorbild Jesu, der – einst in einem Stall geboren und in eine Krippe gelegt – mit zwölf Jahren den weiten Weg nach Jerusalem zurückgelegt habe. Auf solche Weise bleibe der hart Erzogene allezeit vor Verweichlichung und Unzufriedenheit bewahrt.

Manche Gemeindeglieder nahmen daran Anstoß, dass sich ihr Pfarrer höchst persönlich am lebhaften und lustigen Treiben seiner Zöglinge im Freien beteiligte und sie dabei auch anleitete. Zu jener Zeit war ein solches Verhalten eines Pfarrers in der Tat höchst ungewöhnlich gewesen! Flattich beschwichtigte die unzufriedenen Gemeindeglieder mit dem Hinweis: »Wenn die Kinder mal Regierungsräte sind, tun sie es nimmer.«

## Flattichs Schriften zur Pädagogik

Im Unterschied zu Bengel, Oetinger und seinem Schwiegersohn Philipp Matthäus Hahn wollte sich Johann Friedrich Flattich zum Themenkreis seines Hauptaufgabengebietes, der Erziehung, eigentlich überhaupt nicht schriftlich äußern. Er war nämlich der festen Überzeugung, dass darüber das Meiste und Beste, Wichtigste und Wertvollste bereits geschrieben sei. Dies finde sich alles in der Bibel. Außerdem fehlte Flattich die Gabe, seine Gedanken systematisch ausführlich ordnen zu können.

Umso größer war die Überraschung, als der Biograf Ledderhose im 19. Jahrhundert die bis zu jenem Zeitpunkt völlig unbekannt gebliebenen Schriften Flattichs zur Pädagogik erstmals ans Licht der Öffentlichkeit brachte. Dabei wären vor allem die »Unterschiedlichen Anmerkungen über das Informationswerk« bei frühzeitiger Publikation für ihren Verfasser selbst sowie für die Entwicklung des Schulwesens seiner Zeit bedeutungsvoll geworden. Stattdessen hatte sich Flattich damit begnügt, seine Erfahrungen und Erkenntnisse lediglich mündlich an interessierte Erzieher aus dem pietistischen Umfeld weiterzuvermitteln. Dies geschah durch Briefe, aber auch durch gelegentlich veranstaltete Lehrproben vor dem genannten Kreis, was z. B. eine erhaltene Nachschrift einer solchen Unterrichtsstunde durch den damaligen Ludwigsburger Waisenhauslehrer Israel Hartmann beweist.

Im Unterschied zu den »Informationen, welche vermittelst gewisser Stellen der Heiligen Schrift gemacht und aufgesetzt wurden« sowie weiteren Schriften, die nicht öffentlich verbreitet werden sollten, bildete die einzige Ausnahme davon das für Oetingers Zeitschrift »Die Güldene Zeit« bestimmte »Sendschreiben von der rechten Art, Kinder zu unterweisen«. Flattich gelang es dabei, wesentliche Anliegen des Pietismus und dazu der Aufklärung zum beiderseitigen Nutzen miteinander zu verbinden und gegenseitig zu bereichern.

Im Februar 1787 – also erst 10 Jahre vor seinem Tod und nach jahrzehntelanger Tätigkeit als Pädagoge – entstanden Flattichs »Anmerkungen über die Zucht und den Unterricht nach Anleitung des Spruchs: ›Mein Joch ist sanft und meine Last ist leicht‹«. Außer den Ausführungen zum »Informationswerk« selbst (im Süddeutschen Boten »Pädagogische Blicke« genannt) ist heutzutage in der Originalfassung nur noch Flattichs »Information zum Rechnen für spätere Anfänger« (im Marbacher Schillermuseum) und der »Versuch zur Erlernung der lateinischen Sprache, nach der Psychologie eingerichtet« (im Württ. Landesmuseum, Stuttgart) vorhanden.

Eines haben alle schriftlichen Abhandlungen Flattichs zur Pädagogik gemeinsam: Sämtliche Anregungen und Gesichtspunkte aus seiner Studierstube bezogen sich ständig auf die Bibel und entnahmen ihr eine Vielzahl entsprechender Regeln und Ratschläge. Mittel, Methoden und Ziele des Erziehungswerks Flattichs wurden durch dieses Verfahren vor rein theoretischer Begrifflichkeit, fehlender Anschaulichkeit, ideenarmen Schablonen und einer bloßen Routine bewahrt.

Wesentliche Ausführungen Flattichs werden nunmehr aus den erwähnten Aufzeichnungen und in Anlehnung an diese in der folgenden Darstellung eingehend zur Sprache gebracht. Im Einzelnen geht es um die Person des Lehrers, des Schülers und der Eltern sowie um die erzieherisch kreativ wirkenden Mittel, Methoden und Ziele. Welche Erkenntnisse und Erfahrungen hat Flattich als Pädagoge dabei gewonnen, welche Ergebnisse erzielt?

## Zur Erziehungsaufgabe des Lehrers

Über die Stellung und Haltung des Lehrers und Erziehers äußerte sich Flattich sehr ausführlich. Als Erzieher ging er in die *Schule der Heiligen Schrift*. Zur genauen Orientierung reiche nämlich die Vernunft allein nicht aus; man überschätze sonst leicht eigene Beobachtungen und erschließe zu vieles und Falsches. Die Bibel gibt hingegen für Flattich im Blick auf das Erziehungswerk mehr Licht. Dazu lernte er in Bengels Schrift »Cyclus« jene Methode kennen, die durch das Wort Gottes die natürliche Beobachtung und Erkenntnis fördert. Sein ganzes Leben lang wollte er darin Schüler bleiben. Entsprechend dem Wort, wonach die Frömmigkeit zu allem nütze ist (1. Timotheus 4, 8), wollte er Gottes Wort auf alles anwenden, also auch auf weltliche Angelegenheiten. So versprach er sich aus der Heiligen Schrift Erkenntnis und Aufmunterung zu seiner pädagogischen Arbeit. Zur Schule solcher Erfahrungen schrieb er: »Wenn den Menschen soviel an der Erkenntnis der Wahrheit gelegen wäre als an ihrer Gesundheit, so würde das Studium des Lebens ebenso weitläufig wie das Medizinstudium geworden sein. So pflegt man auch zu sagen, es werde einer erst ein guter Arzt, wenn er einen Kirchhof gefüllt habe. Gott aber kann vor dem Bösen bewahren, deshalb ist das Gebet eine Hauptsache« (Roos, S. 149).

Hinsichtlich seiner eigenen Person, ihrer Pflichten und der Einsicht in die Abhängigkeit von höherem Beistand betete Flattich: »Ach Gott, gib mir ein standhaftes Herz, dass ich in der Hitze nichts verderbe und durch die Trägheit nichts versäume. Herr Jesu, der du der vollkommenste Lehrer bist, mache mich zu einem rechten Schüler von dir, dass ich durch deine Kraft und nach deinem Muster auch andere lehren und regieren kann« (Roos, S. 174).

Als Praktiker war für Flattich der Unterschied zwischen *Wissen* und *Tun* von entscheidender Wichtigkeit, wie er in seinen »Informationen« darlegte. Er verdeutlichte das Gemeinte an dem Beispiel der Herstellung eines Schuhs. Diese zu kennen ist etwas ganz anderes als die handwerkliche Anfertigung einer solchen Fußbekleidung. Mancher kann allerlei Verbesserungsvorschläge äußern, bringt aber praktisch nicht zustande, was er anregt. Oft kann dabei eine Kleinigkeit die Ursache dafür sein, dass eine einleuchtende Theorie in der Praxis misslingt.

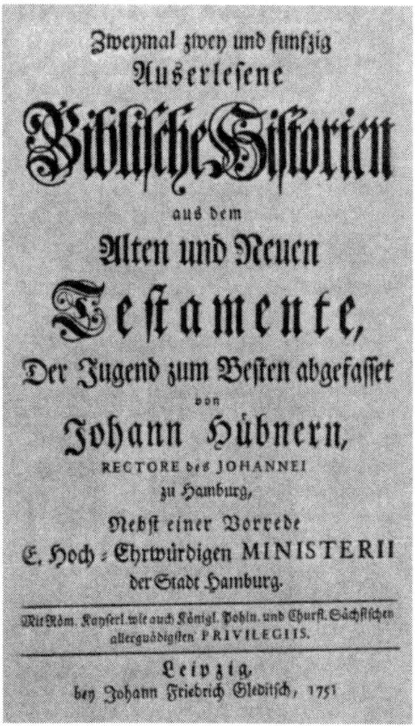
Zweymal zwey und funfzig
Auserlesene
Biblische Historien
aus dem
Alten und Neuen
Testamente,
Der Jugend zum Besten abgefasset
von
Johann Hübnern,
RECTORE des JOHANNEI
zu Hamburg,
Nebst einer Vorrede
E. Hoch-Ehrwürdigen MINISTERII
der Stadt Hamburg.
Mit Röm. Kayserl. wie auch Königl. Pohln. und Churfl. Sächsischen
allergnädigsten PRIVILEGIIS.
Leipzig,
bey Johann Friedrich Gleditsch, 1751

*Flattich benutzte in seinem Unterricht Bücher wie dieses*

Bei der Vermittlung und Verdeutlichung eines Lernstoffes merke der Lehrer bald, ob dies nütze oder nicht. »Durch Lehren lernt man«, zitierte Flattich eine alte römische Weisheit. »Wenn viele Lehrer 20, 30 und mehr Jahre unterrichten und gleichwohl weder in den Sachen noch in der Methode besonders weit kommen«, dürfe man sich darüber nicht wundern, »indem einige bloß fronen und froh sind, wenn ihre Lehrstunden vorüber sind, einige um des Eigensinns willen immer auf *einer* Leier bleiben, einige durch ihre landwirtschaftlichen Geschäfte oder andere Dinge zu viel beunruhigt sind, einige das Unterrichten bloß als ein Handwerk betreiben« (Roos, S. 150).

Aufgrund seiner in Jahren gewonnenen praktischen Erkenntnis und Erfahrung als Erzieher wollte Flattich dreierlei beherzigen: »Vervollkommne dich selbst, habe Gemeinschaft mit anderen, opfere dich wegen anderer« (Ehmer, S. 17).

Dementsprechend sei anschließend eine systematisch gegliederte Wiedergabe der vielen Gedankengänge und Gedankensprünge Flattichs hierzu versucht, wobei der Originalton seiner Ausführungen möglichst beibehalten werden soll.

Die *Selbsterziehung* des Lehrers bildete für Flattich die unverzichtbare Grundvoraussetzung dafür, andere Menschen überhaupt erziehen zu können. Gottes Wort und Geist rufen den Lehrer mit Galater 6,1 dazu auf: »... helft ... mit sanftmütigem Geist ...; und sieh auf dich selbst, dass du nicht auch versucht werdest.« In vielen Jahren seines Amtes als Lehrer, Pfarrer und Hausvater gestand Flattich immer offener, kein Meister, sondern nur ein Schüler der Erziehungskunst zu sein (Roos, S. 174). Als fast 64jähriger schrieb er in einem Brief, er sei in all seiner Lehrtätigkeit allezeit ein Lernender geblieben, als Lehrer zugleich ein Schüler (am 30. Juni 1777, s. Duncker, S. 78). Gerade an seiner Unvollkommenheit könne ein Erzieher sehr viel für sich erfahren: »Man weiß nicht, was die Gesundheit ist, bis man krank wird, und die Schönheit der Tugend lernt man an der Hässlichkeit der Laster.« Dies gelte genauso für junge Leute, die durch begangene Fehler lernten. Solches muss ein Lehrer geduldig ertragen und ihnen gleichzeitig helfen, künftig Fehler zu vermeiden.

Während der Erzieher anfangs Böses durch Böses vertreiben möchte, würde er mit der Zeit allmählich behutsamer und suche Schwierigkeiten auszuweichen – bis zu dem Punkt, dass er sich alles Mögliche duldend gefallen lasse. Wäre er allwissend, so würde er das Feld eines schlechten Jahrgangs unbebaut lassen, dabei aber trotzdem die Schüler zum Nachdenken veranlassen, um einen echten Erfolg doch noch anzustreben. Standhaftigkeit und Selbstbeherrschung sind für den Unterrichtenden so unerlässlich wie die Beherrschung des Unterrichtsstoffes. Ertrage ein Lehrer auf diese Weise Fehler seiner Schüler, so könne er am meisten daraus für sich selbst lernen, denn gerade so seien die meisten guten Regeln entstanden. An ungelehrigen und trägen Schülern könne der Erzieher ebenso lernen wie ein Arzt an kranken und nicht an gesunden Menschen.

Flattich gab den guten Rat, man solle sich von erfahrenen Lehrern vertrauensvoll beraten lassen. Seinerseits gestand er, auf diese Weise hätte er mehr lernen und tun können.

Im Einzelnen benötigt ein Pädagoge laut Flattich Demut, Autorität, Selbstzucht, Geduld, Strenge, dabei aber auch Milde, Güte, Freundlichkeit, Treue und – vor allem anderen – Liebe.

Der vollkommene Lehrer und Meister aller Erziehungskunst war für Flattich kein anderer als Jesus Christus. Bei ihm allein ist wahre Demut zu lernen (Matthäus 11, 29). Diese und die Sanftmut als hervorragende Eigenschaften waren in Jesu Verhalten gegenüber seinen Jüngern eindeutig erkennbar gewesen. Im Umgang mit ihnen als seinen Schülern ließ er sich nicht dienen, sondern war gekommen, um anderen zu dienen. Er strebte keine Vorteile für sich an, passte sich vielmehr allen an – wie Paulus auch über sich sagte: »Ich bin allen alles geworden, damit ich auf alle Weise einige rette« (1. Korinther 9, 22; auf diese Bibelstelle bezog sich Flattich).

Daher habe sich Jesus auch nicht hart und streng gegenüber den Lernenden verhalten. Er legte ihnen zwar das Joch des Gehorsams auf, da sonst das Lernen keinen Erfolg habe, doch sei er sanft gewesen. So habe sich Jesus zu den Schwachen herabgelassen und sie dabei nicht hohe und schwierige Dinge gelehrt, sondern nur das, was sie in ihrer Schwachheit aufnehmen und sich aneignen konnten. Er wählte dazu die jeweils passende Methode. Flattich betonte diesbezüglich erneut: »Seine Last war leicht.« Ebenso wie nun Jesus bis zu seinem Tode den Jüngern trotz ihrer Fehler eine unvergängliche Liebe entgegengebracht hat, sollen Lehrer nie aufhören, Gutes zu wirken. Von äußerster Wichtigkeit war für Flattich die richtig angewandte Erfahrung, verbunden mit Geduld und Liebe. Umgekehrt soll der Schüler diese Haltung gegenüber seinem Lehrer einnehmen. Man stelle sich das aber nicht zu leicht vor. Auch ein Schütze irre sich, wenn er meint, man brauche nur richtig zu zielen, um zu treffen.

Als weiteren wichtigen Sachverhalt zur Person des Erziehers behandelte Flattich in seinen Schriften die *Gemeinschaft des Lehrers mit anderen Menschen.* Wenn er etwa einen Schüler um einen Gefallen bat, so betonte Flattich dabei ganz besonders, dass er dies nicht um seiner selbst willen tue, sondern deshalb, damit seine Schüler lernten, wozu sie bei ihm seien. Der Erzieher solle täglich bei seinen Schülern sein, dabei aber nie zu streng mit ihnen umgehen, weil er sonst für sie unerträglich werde. Ganz nach dem Vorbild Jesu gelte es angesichts erlittenen Unrechts, Geduld statt Gewalt zu üben. Jede sich bietende Gelegenheit nahm Flattich sowohl für seine eigene Person als auch im Blick auf die ihm anvertrauten Kostgänger wahr, um dies einzuüben. Dabei leitete ihn die Überzeugung, dass derjenige, der erfahrenem Unrecht nicht Geduld entgegensetzen könne, bald selbst zum Tun von Unrecht verführt werde.

So musste sich einer der vornehmen Zöglinge Flattichs von einem neu hinzugekommenen anders gearteten Standesgenossen viel Zank gefallen lassen. Er, der bisher weder Unrecht getan noch erfahren hatte, beschwerte sich daraufhin bei Flattich. Dieser aber beglückwünschte ihn, jetzt Gelegenheit zu bekommen, das Ertragen von Unrecht zu erlernen. Was man in der Jugend nicht lerne, lerne man später nicht mehr so schnell oder höchst ungern.

Dass sich Pfarrer Flattich auch persönlich an seine Lehren hielt, zeigte sich, als er eines Tages in Stuttgart durch eine hochgestellte Persönlichkeit wegen seines pädagogischen Vorgehens heftigen Tadel zu hören bekam. Nachdem der Vorgesetzte seine scharfe Maßregelung schließlich beendet hatte, verteidigte sich der Getadelte mit keinem einzigen Wort. Er fragt lediglich bescheiden: »Haben mir Euer Gnaden noch mehr zu sagen?« Da dies nicht der Fall war, verabschiedete sich Flattich in aller Höflichkeit und machte sich auf den Heimweg. Zu Hause erzählte er das Vorgefallene seiner Frau. Sie wollte wissen, ob er denn nichts gegen die vorgebrachten Beschuldigungen eingewandt habe. Flattich verneinte. Er wolle zuvor sehen und prüfen, ob sein Kritiker nicht am Ende doch Recht habe. Zwar stimmte Flattich mit Paulus gemäß Galater 6,4 überein (»Ein jeder aber prüfe sein eigenes Werk …«), warnte aber zugleich davor, die Selbstprüfung täglich zu betreiben. Sonst gleiche man nämlich demjenigen, der jeden Tag das Gras wachsen hören wolle. In der Erziehung komme man dagegen nur langsam und unmerklich voran. Man dürfe also nie die Geduld verlieren. Auch und gerade im Alter solle sich ein Lehrer vor Verdrossenheit hüten und tüchtig bleiben, froh darüber sein, dass man überhaupt noch etwas leisten könne.

Statt zuzuschlagen übe der Erzieher die Kraft des Wortes, die allein dem Menschen zu eigen ist, – das Pferd dagegen könne nur ausschlagen, der Ochse nur stoßen, der Hund nur beißen. Hat Gott mit uns viel Geduld, dann sollen auch wir diese aufbringen und die biblische Weisheit bedenken: »Ein Geduldiger ist besser als ein Starker« (Sprüche 16,32).

Dass der Unterricht oft mühsam ist, bis aus einem Kind ein Gelehrter werde, veranschaulichte Flattich am Beispiel eines Hemdes, das erst durch viel Arbeit aus einer Handvoll Hanfsamen entstehe (Roos, S. 248).

Es gilt als weitere besonders wichtige Aufgabe eines Erziehers, sich in der Gemeinschaft zu bewähren und anderen nützlich zu sein. Damit hängt engstens zusammen, dass ein rechter Lehrer bereit sein soll, *sich für andere aufzuopfern.* Deshalb taugte für Flattich nur derjenige zum Beruf eines Lehrers und Erziehers, der nicht das Seine sucht, sondern seine Freude am Dienen hat und bereit ist, uneigennützig Schwierigkeiten zugunsten anderer auf sich zu nehmen. Man solle Gutes tun und dabei nicht müde werden, wie Galater 6,9 mahnt. Strebe jedoch jemand für sich weltliches Glück an, der solle kein Schulmeister, sondern Jäger- oder Stallmeister werden, weil die Unterweisung von Hunden und Pferden bei den Leuten in höherem Ansehen stehe und mehr Einkommen bringe als die Arbeit eines Lehrers.

Wohl aus eigener Erfahrung fügte Flattich solchen Erwägungen hinzu: Ein Lehrer wird nur gelobt, wenn sich bei seinen Schülern der Erfolg einstellt; andernfalls wird er getadelt und beschuldigt. Da er jedoch weder Lob noch Tadel in der Hand hat, muss er sowohl eine gute wie auch eine schlechte Beurteilung ertragen können. Erstere soll ihn ermutigen, letztere demütigen. Dabei ging es Flattich allerdings nicht um das Ansehen bei den Menschen, sondern stets um die Erfüllung des göttlichen Willens.

Wie sehr es bei alledem nicht nur auf die Ausübung, sondern auf die Art und Weise der Ausführung einer Tätigkeit ankommt, wurde Flattich an einem Lehrer deutlich, der mit viel Freude einen Weinberg erwarb und seine Arbeit darin mit einem enormen Aufwand an Mühe, Eifer und Fleiß betrieb. Dabei erzielte er aber nur die Hälfte jenes Ertrages wie sein Nachbar. Der Grund hierfür bestand für Flattich darin, dass jener Mann gerade solche Reben am Weinstock beließ, die er hätte abschneiden sollen, andere dagegen beseitigte, die er hätte belassen sollen.

Vor allem muss die Kunst des Wartens geübt und gepflegt werden. Wer das nicht lernen wolle, sollte lieber kein Pädagoge werden. Vielmehr müsse er gerade dieses Verhalten seinen Zöglingen und deren Eltern beibringen. Erneut führte Flattich den von ihm geliebten Vergleich mit einem Baum oder Stein an. Beide fallen oder zerspringen nicht gleich beim ersten Hieb oder Schlag. Wer vorschnell aufgibt, hat vergebliche Mühe angewandt; wer hingegen ausdauernd und geduldig ist, sieht Erfolg. Während es der menschlichen Natur nahe liegt, scharf und heftig zu agieren, zeigt Jesu Verhalten das Gegenteil, etwa als er das harte Vorgehen seiner Jünger gegen die Samariter abwehrte (Johannes 4).

Flattich war indes Realist genug um anzuerkennen, dass sich unter den Schülern oft auch ein »Bösewicht« befindet. In diesem Fall ist darauf zu achten, dass er andere nicht am Lernen hindert, zum Schlechten verführt und der Lehrer ihn falsch behandelt. Im Notfall riet Flattich zur Anwendung der Rute, wobei er es aber nicht unterließ, auf ihren vorsichtigen und humanen Gebrauch Wert zu legen. Flattich zitierte 1. Korinther 4, 21, wo Paulus fragt: »Soll ich mit dem Stock zu euch kommen oder mit Liebe und sanftmütigem Geist?« Diese Frage beantwortete Flattich ganz in seinem Sinne anhand von Klagelieder 3, 33: »Auch Gott plagt nicht von Herzen die Menschen.«

Zur aufopferungsvollen Haltung des Lehrers gehörte für Flattich ferner, dass ein Pädagoge seine Autorität nicht auf Gewalt stützt, sondern auf Liebe und Sanftmut. Dies ermögliche zugleich das richtige Verhalten gegenüber der Obrigkeit. Wer sich vor Untergebenen als Herr aufspielt, hat auf diese Weise weder einen Segen noch einen dauerhaften Erfolg. Der redliche und gescheite Erzieher gewinnt dagegen das Vertrauen seiner Schüler, wenn sie ihm abspüren, dass er es stets gut mit ihnen meint. Denselben Eindruck bekommen die Eltern der Zöglinge, die dann vor ihren Kindern gut über den Lehrer urteilen.

Ein Erzieher hat es dann auch nicht nötig, vor seinen Schülern als unfehlbar zu erscheinen. Vielmehr darf er Mensch sein wie sie. Einzig vor dem Verlust der Selbstbeherrschung und vor Lüge und Parteilichkeit solle er sich in Acht nehmen. Junge Leute können in ihrem späteren Leben ganz genau sagen, welche Vorzüge und Fehler ihr Lehrer an sich gehabt und worin er ihnen Unrecht zugefügt hatte. Gerade in seinen eigenen schwachen Stunden soll sich deshalb der Erzieher mit Tadel zurückhalten, sich nicht sprunghaft aufführen und launisch verhalten, vielmehr ein munteres und gelassenes Wesen sowie Freude beim Unterrichten zeigen. Er solle wie Paulus allen alles sein und die ihm Anvertrauten behutsam strafen. Durch stete Übung soll ein solches Verhalten zur Gewohnheit werden. Geduld soll sich zugleich in Aktivität, jedoch nie in Trägheit, Verdrossenheit und Verlegenheit äußern. Dies kann ein Leben lang nie ausgelernt, sondern muss dagegen immer neu geprüft und im Unterricht laufend angewandt werden (Roos, S. 162).

An Jesu Tempelreinigung sah Flattich aber auch, dass der Herr hinaustrieb, was nicht hineingehörte (Johannes 2, 15). Dementsprechend solle auch ein Lehrer handeln, wenn er zuvor geprüft hat, ob Strenge notwendig sei. Wolle man aber *ein* böses Wort sagen, so müsse man zuvor *zehn* gute Worte gesprochen haben (Roos, S. 224). Merken manche Schüler, dass ihr Lehrer es gut mit ihnen meint, können sie auch seine strengen Maßnahmen ertragen. Flattich wurde nicht müde zu betonen, dass Güte und nicht Furcht Vertrauen hervorbringt. Man müsse überlegen, ob man mit Zwang nicht mehr Schaden als Nutzen erziele. Zugleich gab er zu bedenken, dass ein milder Lehrer manchmal zu streng, ein strenger mitunter zu hart sein kann. Bei schüchternen Schülern ist viel Geduld, bei ehrliebenden ein gutes Wort am erfolgversprechendsten.

Verständlicherweise wünschte Flattich – wie wohl jeder Lehrer –, einmal ausnahmslos gute statt auch mittelmäßige oder gar schlechte Schüler betreuen und unterrichten zu dürfen. Gleichzeitig musste er jedoch realistisch, aber nicht resignierend einsehen, dass dies so wenig erfüllbar sei wie der Wunsch, beim Kauf eines Ackers nur mit guten Ernten rechnen zu können und das Unkraut nicht mit einzukalkulieren. Ausnahmslos gute Schüler führten einen Pädagogen zum Hochmut, ausschließlich schlechte ließen ihn hingegen resignieren.

Rückblickend stellte Flattich fest, im Vergleich zu anderen Lehrern habe er in seinem Dienst stets ausgehalten, allerdings den

»schlimmen« Schülern zu viel gepredigt und zu oft mit ihnen gezankt. Dies habe ihren Widerwillen gegen ihn ausgelöst und verstärkt. So seien sie sich gegenseitig unerträglich geworden. Aufgrund solcher Erlebnisse verspürte Flattich manchmal sogar den Wunsch, keinerlei Kostgänger mehr bei sich aufzunehmen. Hatte er gelegentlich mit all seinen pädagogischen Bemühungen überhaupt keinen Erfolg, so quälte ihn die Überlegung, ob er in einem solchen Fall überhaupt noch ein Kostgeld verlangen solle.

## Über die Erziehungsaufgabe der Eltern

Eltern sind für Kinder wichtiger als der Lehrer, denn bei ihm sind sie nur eine befristete Zeit, während sie Vater und Mutter ein Leben lang gehören, worauf diese auch Wert legen.

Eltern vermögen die Tätigkeit des Lehrers zu erleichtern oder zu erschweren. Bisweilen können sie ihm mehr Vertrauen schenken als die Schüler. Mütter stehen aber auch in der Gefahr, ihr Kind zu verzärteln; Lehrer dagegen neigen dazu, sich von den Eltern nichts sagen zu lassen.

So wenig man einen nackten Vogel aus seinem Nest nehme, sondern ihm erst Federn wachsen lasse, soll man Kinder nicht von anderen trennen und zu früh unterrichten. So sollen Eltern ihre Kinder nicht wegen des eigenen späteren Vorteils, sondern zur Ehre Gottes und zum Nutzen der Menschen erziehen, »denn die Eltern sollen den Kindern, nicht die Kinder den Eltern Schätze sammeln, wie denn auch keine Kuh an ihrem Kalb saugt« (Roos, S. 203).

Hat die Frau eines Lehrers wie im Falle Flattich Kostgänger im eigenen Haus, soll sie freudig arbeiten und versuchen, bei Schülern und Eltern Vertrauen zu erlangen. An fremden Kindern kann sie auch für die Erziehung ihrer eigenen entsprechende Erfahrungen sammeln. Ferner sollten sich Eltern davor hüten, ihre Autorität vor Kindern zu verspielen, sie auch nicht als »Butzemann« (Schreckensperson) in sklavische Furcht versetzen, nicht viel befehlen und streng behandeln, zugleich aber die Erfüllung des vierten Gebotes ihnen so leicht wie möglich machen.

Dem Pfarrer von Löwenstein riet Flattich auf dessen Anfrage wegen eines missratenen Sohnes, dass ein Vater in diesem Fall erst sein eigenes Leben bedenken, bessern und dann mit Geduld verfahren solle. Ein Kind solle man nie zur Erziehung in die Fremde geben, sondern nur, damit es etwas lerne. Als einer der Zöglinge sich heimwehkrank nach der Liebe seiner Mutter sehnte, war Flattich dies lieber, als wenn der Junge ohne Liebe brutal und gefühlsroh gewesen wäre.

Flattich warnte Eltern davor, ein Kind zu überfordern, und schrieb wörtlich: »Ein gewisser Pfarrer hatte einen Sohn, der in seinem achten Lebensjahr schon sehr geschickt war. Er hatte sich mit ihm alle Mühe gegeben. Im elften Lebensjahr kam es aber zu einem Stillstand, so dass er alle Lust zum Lernen verlor und sein Vater nichts mehr bei ihm ausrichten konnte. Er fragte mich daher, was doch die Ursache sein möge… Ich gab ihm zur Antwort: Die ganze Apotheke sei zwar gut, aber ein kluger Arzt verschreibe einem Kranken doch nicht die ganze Apotheke, sondern nur eine einzige Arznei. Wenn man einem Patienten viele Arzneien auf einmal verschreiben wollte, dann könnte er es nicht ertragen, sondern würde sie hernach ausspeien müssen. So sei es auch seinem Sohn ergangen…« Um zu helfen – so schrieb Flattich dem Vater – müsse man, wie man einen abgelassenen See erst wieder füllen könne, wenn er zuvor »gestopft« sei, nur *ein* Fach betreiben und alles andere weglassen. Wie bei den drei Arten von Pflanzen – solche, die in Treibhäusern, andere, die in Gärten und wieder andere, die auf Äckern gedeihen –, so sei es auch in der Kindererziehung. »Die Ursache, warum man junge Leute so überfordert, ist gewöhnlich die, dass man mit ihnen Parade machen und vor der Zeit großtun möchte. Wenn einer schwache Gaben hat, dann lässt sich's ohnehin vor der Zeit nicht erzwingen.« Dann folgt Flattichs öfters gebrauchter Vergleich mit Früh- und Spätbirnen, wobei letztere »meistens dauerhafter« sind (Schwabenväter, Bd. XI, S. 97 f.).

Von einem Bauern mit sehr gut geratenen Kindern wollte Flattich dessen erfolgreiches Verhalten erfahren, worauf er von ihm zur Antwort bekam: Er liebe seine Kinder sehr, doch Gott noch mehr und habe ihnen deshalb nichts Böses zugelassen. Gebe man nach, so zeige man zugleich im Gesichtsausdruck und in Gebärden, dass man das Böse ablehne. Sieht man vor einer Anweisung, dass die jungen Leute sie nicht befolgen wollten, so solle man Abstand davon nehmen, weil sonst Ungehorsam entstehe. Vielmehr sei in einem solchen Fall zu überlegen, was ihnen dabei zu schwer fallen würde oder was sie gar unmöglich befolgen könnten. Flattich sah im behutsamen, vorsichtigen Umgang mit Kindern ein großes Vermögen, »junge Leute so zu leiten, dass sie meinen, sie hätten ihren freien Willen«, dabei aber trotzdem geführt werden (Roos, S. 220).

Am wertvollsten ist freiwilliger Gehorsam, wie ihn Jesus als Kind und Zwölfjähriger seinen Eltern gegenüber erwiesen hat (Lukas 2, 51). So rät auch Salomo den Kindern, der Zucht des Vaters zu gehorchen und das Gebot der Mutter nicht zu verlassen.

Auch in seinen Tagebüchern kam Flattich gelegentlich auf Erziehungsfragen zu sprechen. Als sich seine Tochter Beata eines Tages bei ihm über ihre ungezogenen Söhne beklagte, schrieb ihr Vater, sie solle es mit ihnen nicht so genau nehmen, ihnen vielmehr geduldig Zeit lassen. Es reiche, wenn sie in zehn Jahren die Frau im Hause sei. Einen Vater, dessen Sohn von der Schule ausgerissen war, warnte Flattich vor der beabsichtigten scharfen Züchtigung. Besser sei, dem Jungen zu vergeben, wie auch Gott mit uns verfahre. Der Rat wurde befolgt.

## Flattichs Pädagogik und Erziehungsmittel

Einen besonderen Einblick in Flattichs praktisch-pädagogische Unterrichtsweise vermittelt das Buch »Was eine Mutter kann« (S. 15) in dem Bericht der Enkelin Flattichs Beate Paulus, geb. Hahn. Hier teilte sie mit, es habe sich bei der Lehrweise ihres Großvaters um »einen ganz eindrücklichen Unterricht« gehandelt, wie es ihn wohl seit Sokrates nicht gegeben habe. Für jedes Fach habe Flattich eine lange Reihe von Heftchen selbst geschrieben, in denen alle Regeln und Übungen stufenweise fortschreitend aufeinander folgten, so dass der Zögling sie ohne Anweisungen des Lehrers schrittweise durcharbeiten und dann zum nächstfolgenden Stoff übergehen konnte. Alles habe beim Einfachsten angefangen. Es konnte kein Schritt nach vorwärts getan werden, ehe der Schüler alles, was darin vorkam, praktisch begriffen hatte. Blieb er stecken und konnte nicht weitermachen, so zeigte dies nur an, dass er noch nicht alles erfasst und sich angeeignet hatte. In einem solchen Falle musste er noch einmal von vorne anfangen. Flattich bediente sich also einer ständigen Lernkontrolle und räumte den Schülern die wichtige Möglichkeit zu selbständigem Lernen ein.

Schnell kam man bei dieser Methode allerdings nicht voran; soviel aber hat – nach dem Bericht der Enkelin Flattichs – die Erfahrung und der Erfolg bewiesen, dass seine Schüler ihr Ziel dennoch erreicht haben und in ihren Kenntnissen schließlich nicht die schlechtesten waren. Viele bestanden das Abitur und seien dabei nicht die schwächsten Prüflinge gewesen.

In Flattichs grundlegenden pädagogischen Erkenntnissen zeigt sich eine gewisse Nähe zu den in jener Zeit vorherrschenden Ideen der Aufklärung. Die eigentliche Quelle seiner erzieherischen Theorie und Praxis waren für ihn jedoch persönliche Erlebnisse und Erfahrungen. Über allem stand für den Erzieher Flattich die Bibel, deren Aussagen er wörtlich nahm und sich fortwährend darauf bezog.

Aus einem Briefwechsel Flattichs mit *Prälat Friedrich Christoph Oetinger* aus dem Jahre 1761 über die Erziehung sei dessen Reaktion auf die von Flattich gelieferte Abhandlung auszugsweise wiedergegeben. Oetinger schrieb an Flattich: »Mein allerwertester Freund! Ihre Aufrichtigkeit macht Sie weiser als Ihre Algebra. Es wird allezeit wahr bleiben: 'Meiden das Böse, das ist Verstand', oder mit dem Philosophen von Sanssouci (Friedrich dem Großen) zu reden: 'Die Tugend ist dem ausschweifenden Verstand vorzuziehen.' Das beweist Ihr vortrefflicher Aufsatz über die Information junger Leute. ... Sie, mein Freund, sind es, den ich kenne, der die Unzulänglichkeit der Philosophie einsieht, die aus ihren Schlussfolgerungen allein klug werden will, und der nach der Methode des größten Weisen, Jesus Christus, zu denken sich beeifert. Ihre Versuche sind gewiss fruchtbar; wenn Sie zu hoch angefangen haben, dann lehren Sie sich und andere, wie man endlich denken müsse, dass es im ganzen menschlichen Leben und nicht nur in etlichen chefs d'oeuvres (Meisterwerken) tunlich sei.

Es ist gut, dass Sie nach den ersten Grundneigungen junger Leute informieren wollen; denn Salomo sagt: Unterweise einen Jüngling nach den Verhältnissen seines Weges, dann wird er auch, wenn er 70 und 80 Jahre alt geworden ist, nicht davon weichen. Allein es wird dies nicht uns, sondern Gott selbst aufgespart bleiben, der die Menschen lehrt, was sie wissen … … es kostet Arbeit, einen jeden seiner Sprüche mit historischen Tatsachen in der Unterredung habhaft und behältlich zu machen … Inzwischen kann nichts Nützlicheres sein, als dass Sie fortfahren, wie Sie es angefangen haben. Die Welt kennt Ihre Verdienste nicht; Sie aber bekümmern sich nicht darum, denn Sie suchen und wollen nichts als Wahrheit. Wie Sie der Herr selbst lehrt, ist es unnötig, ein Weiteres hinzuzutun. Er sei Ihr Schild und großer Lohn; er setze Sie und Ihre tugendsame Ehegehilfin und Ihre lieben Kinder zum Segen; denn in der Welt haben Sie keinen proportionierten (d. h. dementsprechenden) Lohn. Ich bin allezeit der, wie Sie mich kennen« (aus Ehmann, S. 639).

Flattich selbst bevorzugte *drei Erziehungsmittel*: viel *Liebe*, viel *Geduld* und treues *Gebet*. Einem Freund, der an der Unterweisung eines schwierigen Schülers zu scheitern drohte, legte der erfahrene Pädagoge brieflich ans Herz, es sei nötig, sich zu prüfen, ob er ihn auch mit mehr *Liebe* und Freundlichkeit behandle. Anschließend berichtete er dann vom Tod einer Kuh im Stall. Dies sei darauf zurückzuführen, dass seine Tochter die Magd schlecht behandelt habe, diese wiederum das Tier. Flattich zog daraus die Schlussfol-

*Friedrich Christoph Oetinger*

gerung, stets habe die Liebe im gegenseitigen Umgang gefehlt, und so sei es zu dem genannten Unglück gekommen.

Die Liebe – nicht jedoch das Strafen, Befehlen und Regeln – soll allezeit zur Besserung des Menschen beitragen. Am meisten solle man sie denen zuwenden, die schwach begabt oder fehlerhaft seien. Dabei möge man stets Geduld walten lassen, soweit es sich nicht um einen böswilligen Menschen handelt.

Flattich hatte erfahren, dass man seelisch von der Liebe fast so lebe, wie man leiblich vom Brot zehre. Er gönnte seinen Schülern viel Freude und echte Fröhlichkeit, wehrte jedoch denjenigen, die ihnen dies nehmen oder nicht zugestehen wollten. Er konnte bei den verschiedensten Gelegenheiten nicht oft genug betonen, dass die Liebe und nicht harte Zucht das richtige und wichtigste Erziehungsmittel eines Lehrers sei.

Er sah die Liebe des Erziehers in der Liebe Gottes verwurzelt, die unserer menschlichen Liebe laut 1. Johannes 4, 19 immer vorausgeht, aber ihre Gegenliebe auslösen will. Für Flattich galt 1. Korinther 13, 2: »Hätte ich die Liebe nicht, so wäre ich nichts.« Sind Lehrer zu streng und ernst, können sie außer beim Auswendig- und sonstigen Gewohnheitslernen nicht viel erreichen. Im Gegenteil ruft dies sogar Angst statt Lust und Liebe beim Lernen, ja sogar Abscheu dagegen hervor. Dabei sollten doch junge Leute noch mehr als Erwachsene durch Liebe und Freundlichkeit geleitet werden. Sind allerdings Lehrer zu freundlich, lernen Schüler bald nur noch, was sie wollen. So muss »die Güte Salz mit sich führen« (Roos, S. 166). Eine angenehme und zugleich Respekt gebietende Haltung des Erziehers lässt die Hochachtung der Schüler zunehmen.

Neben der Liebe bewertete Flattich die *Treue* und das *Vertrauen* des Erziehers sehr hoch. Denn sie sind der Ursprung der *Geduld.* »Ich will lieber 1000 Fehler gegen Verstand und Höflichkeit machen als einen einzigen gegen die Treue, denn die erstgenannten sind wiedergutzumachen, letzterer aber ist es nicht, sondern ein Laster.« Am besten könne man Treue bei schwierigen Schülern lernen.

Flattich fiel es nach eigenem Eingeständnis schwer, Schärfe und Weisheit miteinander anzuwenden, »jungen Leuten Zäume und

Gebisse ins Maul zu legen«. So versuchte er es mit *Geduld*, wollte kein Scharfrichter sein, den sie finden, wenn sie sich nicht an die Ordnung halten. Das Gleichnis Jesu vom unfruchtbaren Feigenbaum (Lukas 13, 6–9) ermutigte ihn, seine Tätigkeit selbst dort fortzusetzen, wo man jahrelang keine Frucht dabei findet. Das Leben in Mühe und Arbeit gemäß Psalm 90, 10 bewahrt vor falschen Wünschen und ängstlichem Sorgen. Man darf nie vorschnell aufgeben, sonst war alle Mühe vergeblich. Wer aber bei den vielen »harten Köpfen« und schüchternen Kindern ausdauernd tätig bleibt, erlangt Erfolg.

Eine Frau, die über ihre ungehorsamen Kinder bei Flattich klagte, ermutigte er auf diese Weise zur Geduld, indem er sie ans Fenster führte und nach der Gangart der am Brunnen stehenden Kühe und Kälber befragte. So wie erstere langsam gehen, letztere aber springen und ausschlagen, würde es auch einmal mit ihren Kindern gehen, dass sie »eingezogen« (anständig) gingen.

Mit beachtlicher Geduld und bewundernswerter Ausdauer wirkte der Pädagoge Flattich auf jene Schüler ein, die ein für ihn tadelnswertes Verhalten an den Tag legten. So ertappte er eines Tages mehrere Zöglinge beim Kartenspiel, das er ihnen untersagt hatte. Sogleich setzte er sich zu ihnen an den Tisch und spielte unermüdlich Stunde um Stunde bis in die tiefe Nacht hinein mit ihnen und verzichtete sogar aufs Abendessen. Ja, er zwang sie immer wieder, pausenlos weiterzumachen. Als die nach entsprechender Zeit immer hungriger und schläfriger werdenden jungen Leute endlich aufhören durften, hatte ihnen Flattich die Lust und Freude am Kartenspiel ein für alle Mal ausgetrieben. Seine entsprechenden Mahnungen stießen bei ihnen nicht länger auf taube Ohren. Flattich wollte auf die geschilderte Art und Weise seine ungehorsamen Schüler ebenso behandeln, wie man die Konditorlehrlinge anfangs bis zum Überdruss naschen lasse, um es ihnen dadurch abzugewöhnen.

Durch eine ähnliche Vorgehensweise gewöhnte Flattich jungen Männern deren beliebtes lautes Peitschenknallen vor seinem Pfarrhaus ab, wo sie an dem dort besonders gut hallenden Echo ihren Spaß hatten. Statt nun die jungen Leute zu maßregeln, was wahrscheinlich auf die Dauer nichts genutzt hätte, lud er vielmehr einen von ihnen dazu ein, ihm in seinem Hof mit noch besserem Echo solange vorzuknallen, bis er ihm sage, es sei genug. Dafür wolle ihn der Pfarrer mit einem Sechsbätznergeldstück belohnen. Die versprochene Bezahlung und das ausdrückliche Lob, wie gut der junge Mann seine Kunst beherrsche, ließen diesen frohgemut ans Werk gehen. Doch die Zeit verging, ohne dass er aufhören durfte. Flattich stand am Fenster und ermunterte den Burschen immer wieder, weiterzumachen. Schließlich bat dieser, vom ununterbrochenen Schwingen der Peitsche selbst erschöpft, um die Erlaubnis, aufhören zu dürfen. Mehr als eine Stunde soll damals vergangen sein, bis Pfarrer Flattich das erlösende Wort sprach: »Jetzt ist's genug.« Der Bursche erhielt zwar die versprochene Belohnung, aber ebenfalls sehr viel Spott durch die inzwischen zahlreich erschienenen Neugierigen. Das Peitschenknallen vor dem Pfarrhaus hatte auf diese Weise ein friedliches Ende gefunden.

Mit Hilfe der aufgezeigten Methode kurierte Flattich auch einen seiner Schüler, der, statt Wörter zu schreiben, aus Faulheit nur Pünktchen gemacht hatte. Dieser erhielt nämlich die Aufgabe, sein Heft ausschließlich mit solchen Punkten zu füllen. Schließlich bat auch er vor lauter Überdruss seinen Lehrer, ihn in Zukunft nur noch Wörter und Sätze schreiben zu lassen.

Eine weitere Hauptaufgabe sah Flattich in der Förderung fauler oder schwachbegabter Schüler. Es gilt, sie auf allerlei Weise zu ermutigen, ihnen Erfolge bei ähnlichen Mitschülern zu zeigen und sie selbst bei scheinbar fehlenden Fortschritten in ihren Bemühungen weder ungeduldig noch ironisch zu behandeln. Solche Worte oder gar Schläge würden sie nur verstockt und nicht mehr aufnahmefähig werden lassen. Flattich gebrauchte gerne den Vergleich: »Man braucht nicht lauter Lichter in der Welt, sondern man muss auch Putzscheren haben« (Roos, S. 195). Auch die Schwachen können brauchbar werden. Der schwächste Mensch kann den schwersten Stein wegtragen, wenn man einen solchen Stein in kleine Stücke zerschlägt.

Zur echten Liebe gehört für Flattich nötigenfalls auch die *Strenge*. Fehle sie, so werde sie zur schädlichen Schwäche im Umgang mit Kindern. Als eines Tages seine jüngste Tochter mit ihrer Freundin trotz Verbots durch deren Mutter im benachbarten Grasgarten herumtollte, empfingen beide von der Frau zur Strafe je eine Ohrfeige. Weinend beschwerte sich daraufhin Flattichs Tochter bei ihrem Vater und drohte, nie mehr zu jener Nachbarin zu gehen. Doch davon völlig unbeeindruckt gab er ihr die Anweisung: »Lass dir einen Laib Brot geben, bringe ihn der Frau und bedanke dich, dass sie es so gut gemacht hat, und sage ihr, ich wolle mich auch noch bedanken, dass sie in meiner Abwesenheit meine Kinder erziehen hilft.« In diesem Sinne erteilte er auch öfters dem Schulmeister den Auftrag, seine Kinder genau so zu strafen wie die übrigen und sie nicht zu bevorzugen. Dies galt genauso im häuslichen Bereich: »Ich gab den Mägden Vollmacht, meinen Kindern Ohrfeigen zu geben, wenn sie sich ungebührlich und unfolgsam zeigten. Keines meiner Kinder durfte befehlen, nur bitten.«

Flattich beantwortete die Frage vieler Eltern, ob man bei der Kindererziehung Eigensinn brechen solle. Viele wollten solches durch ihren eigenen Willen erzwingen. Doch Eigensinn schade an Leib, Seele und Geist. Es gelte, junge Leute möglichst davor zu bewahren. Denn bei ihnen gehe es nicht zu wie bei der Aufzucht von Hunden, sagte er zu Herrn von Harling, der ihn stolz auf seine Ergebnisse auf diesem Gebiet hingewiesen und dem Pfarrer empfohlen hatte, in seiner Erziehung doch ebenso zu verfahren.

Gewalt sei deshalb zu meiden, weil sie nur verstärkend wirke. Vielmehr nütze ein Beispiel guten Nachgebens. Wer dies nicht fertig bringe, suche seinen eigenen Nutzen und nicht den des anderen (Roos, S. 218). Allerdings könne man beim Schönen und Nützlichen eher nachgeben als im seelisch-geistig-geistlichen Bereich.

Flattich klammerte in seinen Schriften die *geschlechtliche Erziehung* nicht aus, wie man das in seiner Zeit vermuten könnte. So verfasste er eine Schrift mit dem Titel »Von der Erziehung der Kinder in Ansehung der geschlechtlichen Triebe«. Je größer die Kinder werden, umso größer waren Flattichs Sorgen, die Triebe würden manchen jungen Menschen die Lust zum Lernen nehmen. Es sei wie bei einem Baum. Auch da muss von der Blüte bis zur Frucht gewartet werden, um feststellen zu können, welche Frucht er hervorbringe. So wurde das für Flattich erst bei den Achtzehnjährigen erkennbar. Manche würden zu früh und unüberlegt heiraten. Er warnte vor gutem Wein, viel Salz und salzigen Speisen sowie Müßiggang, was die Triebe anrege.

Über die *Zucht* schrieb Flattich an den künftigen Repetenten Dann, der ihn diesbezüglich um Rat gefragt hatte, er möge im Tübinger Stift kein Zuchtmeister, sondern ein Vater seiner Studenten werden (Roos, S. 216). Ihm wie Pfarrer Hartmann aus Weissach, der sich um eine Dekansstelle bewerben wollte, machte er klar, dass es in einem Garten nicht so sehr auf die Pflege des Zauns, sondern vielmehr auf die Hauptsache ankomme, nämlich das Pflanzen nicht zu versäumen. Gesetze allein machen demgegenüber Menschen zu Knechten.

Zucht, Gehorsam und Lernen lassen sich aber nicht voneinander trennen, wie Jesus von sich sagte: »Nehmt auf euch mein Joch und lernt von mir« (Matthäus 11, 29). Besonders schwer fand Flattich die Erziehung ungezogener Schüler, die nicht wie Jesus den Eltern untertan waren (Lukas 2, 51). Nach und nach sollen sie zum Lernen angeleitet werden. Flattich verglich: Zuerst werde einem Ochsen ein Joch auferlegt, bevor er ziehen müsse. Dann gehe es wie bei Jesus, der an Weisheit zunahm, und bei Salomo (Sprüche 13, 20): »Wer mit den Weisen umgeht, der wird weise.« Fehle es aber bei Eltern und Lehrern an solchem Verstand, so sei es kein Wunder, dass auch bei der Jugend viel Unverstand zu finden ist.

Zugleich wandte er sich gegen allen Zwang und Drill, wie ihn zu seiner Zeit die durch Herzog Carl Eugen geschaffene Hohe Carlsschule auf ihre Zöglinge ausgeübt hat. Flattich bezeichnete die dort herrschende und ausgeübte gesellschaftliche Dressur als »Komödiantenart« (Roos, S. 88).

Fehlt der innere Zuchtmeister des Gewissens, hilft der äußere wenig. Deshalb kämen eher 100 Leute schlimmer aus dem Gefängnis als ein einziger gebessert. Das Gewissen wird durch das Wort Gottes, das Gebet und den Besuch der Gottesdienste sowie durch Zucht und das Vorbild der Eltern und Erzieher rege gehalten und vor Missstimmung bewahrt.

Wahre Autorität kommt für Flattich von Gott, der sie weitergibt. Deshalb müssen sich auch alle in hervorgehobener Stellung vor Unrecht bewahren, um ihren Respekt beim einfachen Menschen nicht zu verlieren. So zeigte Flattich einem Vater, der von ihm wissen wollte, auf welche Weise er sich Autorität ohne Strafe verschaffen könne, an seinem Sohn, wie dieser seinem Lehrer Ehrfurcht ohne Zwang entgegenbringe.

## Die Behandlung der Schüler im Unterricht

Gedanken zur *Standeszugehörigkeit* der Schüler äußerte Flattich aufgrund seiner entsprechenden Erfahrungen. In der Tat brachte die Herkunft der »Zöglinge« aus unterschiedlichem sozialem Milieu oft nicht geringe Erziehungsprobleme mit sich. Flattich zog dazu Sprüche 17,25 und 10,1 heran: »Ein törichter Sohn ist seines Vaters Verdruss« – »ein weiser Sohn seines Vaters Freude.« Viele Väter gäben sich viel Mühe, damit ihr Sohn etwas lerne, wobei zwar Adel vererbbar sei, nicht jedoch Weisheit. Man solle aber nicht jeden klugen Sohn einen Herrn werden lassen, denn auch im einfachen Stand brauche man weise Menschen. Dabei ist es gut, dass junge Leute nicht allein aufzuwachsen brauchen, denn Gesellschaft bringt Munterkeit und Erfahrung mit sich.

Flattich achtete bei seinen Zöglingen in keiner Weise und unter keinen Umständen auf Standesunterschiede. Als ein General sich nach seinem Sohn erkundigte, der in Flattichs Obhut war, sagte dieser nur: »Bub ist Bub, sei er Edelmann oder Bauernsohn.« Als der General dies Höflingen erzählte, meinten diese, einem solch groben Pfarrer wollten sie ihre Kinder nicht anvertrauen. Einer jedoch pflichtete Flattich bei, denn er könne bei seinen zehn Kindern keinen Unterschied zwischen adligen Jungen und Bauernbuben erkennen (Roos, S. 276).

War bei Schülern eine gewisse Überheblichkeit schon vorhanden, so suchte sie Flattich abzubauen. Als z. B. eine vornehme Frau ihren Sohn unter der Bedingung zu Flattich brachte, ihrem Jungen ein eigenes Zimmer zur Verfügung zu stellen, erwiderte der Pfarrer, dass es einen solchen besonderen Raum in Münchingen nicht gebe – außer dem »Narrenhäusle«, einem Raum für Geisteskranke unter dem Rathaus. Dort wolle ihr Sohn doch gewiss nicht wohnen?!

Flattich erwies auch den vornehmen unter seinen Schülern keine frühzeitige besondere Ehre. Sonst hätte die Gefahr bestanden, dass sich Schüler über ihren Lehrer erheben würden. Kindern einfacher Herkunft ebnete Flattich ebenso den Weg wie den Abkömmlingen vornehmer Familien. Ihm lag daran, die Begabung, nicht den sozialen Rang zu fördern.

Da es für »Herrenkinder« immer leichter sei, auf- statt abzusteigen, jedoch nicht, sich Hoffart abzugewöhnen, ließ Flattich einen Oberamtmannssohn sein kostbares Gewand wieder nach Hause schicken, denn junge Leute wollten gerne einander nachahmen, und dies sei in diesem Falle nicht möglich. Vor einer hochgestellten Person weiche die Angst und der Respekt, wenn sie sich unverständig und schlecht benehme. Begabte und hochrangige junge Leute sind zur Gutherzigkeit und Barmherzigkeit zu erziehen, da sie ja künftig verantwortlich in der Öffentlichkeit wirken sollen.

Dass Befehlen schwierig ist, erkennen jene nicht, welche gemeine Leute als Eselsköpfe beurteilen, so dass das Ausführen von Befehlen schon in der Jugend erlernt werden muss. Auch Kinder »gemeiner Leute« können es ohne Gefahr durch Verschwendung und dadurch Ablenkung sowie durch ein gutes Vorbild der Eltern und Hochachtung vor diesen weit bringen und selbst zum Vorbild anderer, hochgestellter Schüler werden. Flattich wurde dabei nicht müde, immer wieder zu betonen: Alles ist an Gottes Segen gelegen, der die Gaben gibt und die Herzen der Menschen lenkt.

Wenn jemand von einem niederen zu einem höheren Stand aufsteigt, sah Flattich darin das Werk Gottes. Ein Lehrer kann dort oft nicht viel Erfolg haben, wo ehrgeizige Eltern unbegabte und desinteressierte Kinder nur deshalb etwas lernen lassen, damit diese eine höhere Stellung erreichen. Gott wolle dagegen in allen von ihm verordneten Ständen begabte Leute haben; es nütze nichts, sprachlich unbegabte Schüler zwingen zu wollen, weil man sonst einen Ekel in ihnen errege und Gott ihnen diese Begabung nicht verliehen habe. Vielmehr solle sich jeder seinen Fähigkeiten entsprechend betätigen.

Flattich wiederholte unverdrossen seine Regel, schlicht und recht zu sein. Auf Grund eigener Erfahrungen in der Jugend durfte niemand im Hause Flattich Hunger leiden. Wer beim Lernen und an der Gesundheit spare, schadet, und wer das tut, der ist mit einem Bauern zu vergleichen, der an seinem Acker spart und auf diese Weise die kommende Ernte schmälert. Sparsamkeit sei nur dort angebracht, wo es nötig und nützlich ist.

Flattich riet, junge Leute weder zu viel noch zu wenig zu beaufsichtigen. Bei Fehlern sei nicht einzugreifen, sondern Mut zur Besserung und Vergebung zu vermitteln.

Kindern soll man Bübereien gestatten. Sie verlieren sich später wie bei Tieren das jugendliche »Barren«. Doch muss beobachtet werden, wozu Schlechtes sich in Zukunft entwickeln kann. Man soll Jungen nicht vorzeitig Herren, Mädchen nicht Herrinnen werden lassen.

Als Nötigstes nannte Flattich die Wissbegierde als gutes Mittel, durch das man ständig Aufmerksamkeit üben solle. Dabei darf die Phantasie nicht grenzenlos sein, sondern müsse vielmehr geschult werden, damit nicht, wie Salomo warnt (Sprüche 21, 25), der Narr über seinen Wünschen stirbt. Sowohl der Furchtsamkeit wie auch der Ausgelassenheit sollte entgegengewirkt werden.

Insgesamt ging es dem Erzieher Flattich immer darum, der Jugend genügend Freiräume zu gewähren, ohne sie aus der Hand zu verlieren. Man müsse die Rute hinter dem Spiegel halten. So machte er einem strengen Vater, der sich beim Schlagen der Kinder als Erziehungsmaßnahme auf die Bibel berief, am Beispiel eines Bauern klar, dieser haue auch nicht auf seinen Pferden herum, sondern begnüge sich gelegentlich mit einem »Fitzer« (also einem Streich).

Um die Liebe zu manchen schwierigen Kindern nicht zu verlieren, überließ Flattich sie einige Zeit sich selbst. Er beobachtete, dass mancher junge Mensch, der sich von seinem Lehrer ungerecht behandelt fühlte, ihm dies das ganze Leben lang nachtrug. Anstatt sich immer auf Strafen zu besinnen, bedenke man das Beispiel Gottes, das uns zur Umkehr veranlassen will. Flattichs Liebe zu seinen Zöglingen führte dazu, dass sie auch nach ihrem Weggang mit ihm schriftlich in Verbindung blieben, nach seinem Rat fragten, ja sogar

Zuflucht suchten, wenn sie auf Abwege geraten waren. Diese Erkenntnis gipfelte für Flattich in dem Kernsatz: Liebe bessert, Gesetz richtet Zorn an (Roos, S. 84). Seine anfänglich in der Erziehungsarbeit angewandten Strafmethoden lösten oft Zorn aus, so dass er sie aufgab und fortan völlig die Liebe walten ließ. Daher brachte er auch jedem neuen Schüler und dessen Eltern Liebe entgegen, anstatt belehren zu wollen, um so sein Vertrauen und seine Liebe zu gewinnen und ihn zum Lernen anzuspornen. Zum Wachstum von Pflanzen sind Regen und Sonne nötig. Ebenso wie ein Platzregen mehr Schaden als Nutzen bringt, muss sich der Lehrer vor allzu großem Ernst, harter Zucht und einem ungestümen Verhalten in Acht nehmen. Pflanzt hingegen der Lehrer ein gutes Gemüt in die Herzen, werden sie gute Bäume.

*Szene einer Dorfschule (Mitte 19. Jahrhundert)*

Besonderen Wert legte Flattich auch auf das Lernen der *deutschen Muttersprache*, die man gegenüber dem zu seiner Zeit oft bevorzugten Latein hintanstellte. Deutsch kann nicht gründlich genug eingeübt werden, denn schließlich wird ja dadurch alles Wissen an Kinder vermittelt (Ledderhose, S. 85).

## Die religiöse Erziehung von Jugendlichen

Der Religionsunterricht bildete das Fundament aller pädagogischen Bemühungen Flattichs. Er wollte sich dabei nicht auf Gelehrsamkeit, sondern auf eine am Lebenslauf Jesu orientierte Erziehung stützen. Der größte Erzieher ist für ihn Gott. Da dieser menschlich handelt, soll sich auch der Lehrer zu seinen Schülern herablassen und alle Arbeit auf dem Felde der Erziehung in Verbindung mit Gott und seinem Wort, der Bibel, sehen und in Beziehung setzen. Das klang bereits in manchen Gedankengängen an, die oben geschildert wurden, und soll nun breiter ausgeführt werden. Flattich ging davon aus, dass wir, je mehr wir Gott in seinem Handeln mit uns Menschen betrachten, umso mehr den rechten Umgang mit jungen Leuten lernen. Wie der Apostel Paulus allen alles wurde, um etliche zu gewinnen (1. Korinther 9, 22), so soll der Lehrer auf alle Schüler eingehen. Der Gedanke, wie viele gute Mittel Gott gegen uns Menschen einsetzt, bevor er zu schärferen greift, möge uns vor allzu strenger Härte bewahren.

An dieser Einsicht orientierte sich Flattich selbst. So erreichte er bei einem Schüler vornehmer Herkunft, der faul war und nichts konnte, in sechswöchigen geduldigen und gelassenen Bemühungen eine zunehmende Besserung. Er habe nämlich dabei – berichtete Flattich – alles versucht, diesen Jungen zu entschuldigen, um die Liebe ihm gegenüber nicht zu verlieren. Dabei machte er ihm die Folgen seines Fehlverhaltens in höflicher, zugleich aber bestimmter Weise deutlich. Um bei seinem Vorgehen nichts zu verderben, rückte er Gott und Jesus als Beispiele ins Blickfeld. Dadurch könne jene Behutsamkeit an den Tag gelegt werden, wie sie Jesus und seine Jünger gegen andere Menschen bewiesen hätten. So zeigt die Bibel vieles, was zur Erziehung, anderes, was zur »Information« dient. Mehr als auf Vernunft und Erfahrung könne ein Erzieher darauf bauen. Dabei galt für Flattich das Wort aus Psalm 127, 2: »Gott gibt es seinen Freunden schlafend, während andre ohne Segen Gottes früh aufstehen und ihr Brot mit Sorgen essen.« Reich macht eben nicht die Arbeit, sondern Gottes Segen. Diese Erkenntnis entlastet den Lehrer auch von aller Selbstüberschätzung, als ob ohne ihn nichts erreicht werde und er sich ständig restlos einsetzen müsse. Ein derartiges Verhalten gliche dem jenes Bauern, der meinte, ununterbrochen auf seinem Acker aushalten zu müssen, um ihn unaufhörlich zu begießen. Doch ein Bauer handelt niemals in dieser Weise, sondern er überlässt Gott das Wachstum der Frucht. Dementsprechend solle der Lehrer nichts anderes tun als eben fleißig sein Feld zu bestellen, dann aber warten, bis die Saat aufgeht und wächst. Das sei Gottes Werk. Dabei entspricht dem Arbeiten das Lernen, dem Fortschritt Gottes Segen. Flattich wird nicht müde festzustellen, dass Zanken, Schelten und Schläge völlig fehl am Platze sind; Ermutigung hingegen ist in der Erziehung absolut unverzichtbar. Das gilt besonders dann, wenn trotz aller Bemühungen keine Fortschritte erkennbar sind. Flattich folgerte hieraus: Muss man schon beim Acker auf Frucht warten, wie viel mehr bei jungen Leuten!

Weil ein Lehrer nicht weiß, was Gott mit dem einzelnen Schüler vorhat, war es für Flattich schon etwas Großes, wenn Gott junge Leute Liebe erfahren lässt. Selbst noch so Kleines soll man dabei als etwas Großes annehmen, wenn Gott es uns anvertraut hat. Daher bat Flattich Gott ständig, ihm herzliche Liebe zu seinen Schülern zu schenken und zu erhalten. Alles Gedränge ließ sich dann leicht ertragen, selbst wenn er ums Kostgeld betrogen worden war. Er betete, dass Gott ihm Gnade und Kraft gebe, andern redlich mit seiner Gabe zu dienen und dabei nichts zu versäumen. Von Gott allein kommt der Segen, er gibt zur Arbeit den Verstand, will Fleiß und Bewahrung vor aller Nachlässigkeit und »Verkünstelung«.

Gerade gescheite Schüler sind ganz besonders auf Anleitung angewiesen, um vor Bösem bewahrt zu werden. Flattich nannte als Beispiel Salomo, der, obwohl der Allerweiseste in der Welt, doch der Abgötterei verfiel, und gebrauchte dabei ein Sprichwort: »Je gelehrter, desto verderbter.« Deshalb muss bei der Erziehung stets darauf geachtet werden, dass mit der Weisheit nicht zugleich das Böse zunimmt. Es gilt dagegenzusteuern, um es rechtzeitig zu vertilgen. Ebenso wie Glieder des Leibes zu gegenseitigem Nutzen miteinander verbunden sind, soll es zwischen Verstand und Wille auch sein, wobei die Förderung des Tuns noch wichtiger ist als das bloße Wissen. Vom natürlichen führe man zum theoretischen Wissen, lasse junge Leute nicht zu sehr vom Schönen beherrscht werden. So hat Jesus die Jünger vom Berg der Verklärung nicht in der Betrachtung des Schönen gelassen, sondern in Leiden und Schmach geführt. Gerade die religiöse Erziehung mache deutlich, dass dem Christen der Weg des Leidens und Leides nicht erspart bleibe. Der durch die biblische Botschaft gefestigte Mensch solle sich in den Verlockungen der Welt bewähren.

In einem Brief an seine Tochter (Duncker, S. 81 f.), die sich Sorgen um die Erziehung ihrer Kinder machte, gelangte Flattich zu der Feststellung: »Es gefällt mir ... wohl, dass dir in der Unruhe deiner Gedanken der Durst nach dem Wort Gottes geholfen hat. Es ist immer sehr gut, wenn man sich einen Schatz aus Gottes Wort sammelt, damit man bei allem, was einem begegnet, Rat und Trost bekommt.«

*Eltern* sollen ihre Kinder nicht zum Zorn reizen, verbittern, sondern sie als Segen ansehen, sonst würden sie zum Fluch. Zur Kindererziehung beobachtet Flattich: Geraten Kinder nicht, seien meist die Eltern und deren häusliche Verhältnisse schuld. Das Nachdenken ist erforderlich, um Kinder nicht einfach wie einen Blumengarten zu behandeln, mit dem man angeben wolle. Es heiße auch nicht: Lerne recht, dass es dir wohl gehe. Vielmehr zeigt sich im vierten Gebot, dass Gehorsam gegen Eltern im Leben Glück bringen könne. Wer von ihnen Kinder immer nur ermahne, sich schön anzuziehen und artig zu lernen, wecke Hochmut in ihnen, wer sie streng und demütig erziehe, finde mit ihnen Gnade bei Gott. Dem Übel soll man nicht widerstreben, ererbtes Gut ehrlich erworben sein.

Unentwegt deutete Flattich auf Jesus hin, der seinerseits in Kindern ein Vorbild des Vertrauens, der Demut und Bescheidenheit findet, jedoch darin eine schwere Sünde sieht, ihnen zum Anstoß zu werden oder sie zum Hochmut zu verleiten. Man hüte sich, sie ehrgeizig im Herzen nach Reichtum und Größe streben oder aus Geldgier arbeiten zu lassen. Ihre Ehre soll auf das Gute, Gnade bei Gott und Menschen hingelenkt werden (Roos, S. 231).

So erwies Flattich seinen Kostgängern keine verfrühte Ehre, die sie zwar anfangs als angenehm empfinden, aber auf Dauer nicht gut ertragen können. Wahre Freude verschafft ihnen das innere Wohl, woraus dann auch die äußere Fröhlichkeit erwachsen kann.

Im Licht des göttlichen Wortes kann der Kampf gegen einzelne Verhaltensfehler geführt werden. Als Erstes nannte Flattich die Faulheit und Trägheit. Er untersuchte genau deren Ursachen. Bezeichnend für Flattich war die Fortsetzung jenes Gedankens: Mit Fleiß könne man in 50 Jahren den Asperg wegtragen oder bei täglich regelmäßigem Gehen in einigen Jahren um die Erde wandern. Vor dem Tun des Unrechts hüte man sich, lerne aber dazu das Ertragen desselben. Wer dagegen Unrecht nicht zu ertragen lerne, lerne es auch nie abzutun. Wichtig war es Flattich zugleich, dass man Tieren gegenüber barmherzig ist.

Flattich bejahte im Einklang mit dem Prediger Salomo (11, 9 f.): »Freue dich in deiner Jugend« den fröhlichen und frommen Menschen, wobei allerdings nicht gegen Gottes Gebote gehandelt werden darf. Zugleich ist zu betonen, dass die Jugend nicht ewig dauert und die Verantwortung vor Gottes Gericht bevorsteht. »Man soll bereits in der Jugend seinen Schöpfer vor Augen haben.« Fröhlichkeit und Frömmigkeit sollen in der Jugend eins sein.

Flattich riet jedem Erzieher, Gott stets die Ehre zu geben. »In wie vielen Fällen musste ich alles Gott überlassen, als mir weder Überlegung, Güte und Schärfe halfen. Manches geriet durch mein Zutun, manches nicht. Man lernt, sich nicht auf eigene Weisheit zu verlassen, sondern sich Gott zu überlassen. Zum Erziehen gehört Geduld, Übung und Fleiß.«

Als einer seiner Schüler an die Hohe Carlsschule gewechselt war und man Flattich vorwarf, dass er diesem Zögling zu wenig religiöse Unterweisung vermittelt habe, erwiderte der Münchinger Pfarrer, er erteile Religionsunterricht nicht, um in Gesellschaft oder Prüfungen viel darüber reden zu können, sondern um als Vorbild die jungen Leute zu lehren, »Liebe zu üben und demütig zu sein vor Gott« (vgl. Micha 6, 8). Dass es Flattich durchaus auch um biblisches Wissen ging, zeigte seine Gepflogenheit, nach dem Gottesdienst keinen Jugendlichen aus der Kirche zu entlassen, ohne dass dieser ihm einen Bibelspruch aus der Predigt aufgesagt hatte (Ledderhose, S. 28).

Innerhalb seiner Schriften zur Erziehung finden sich viele *Betrachtungen zu passenden Bibelworten.* Als typisches Beispiel sei angeführt, was Flattich zu 1. Korinther 3, 6 dargelegt hat: »Paulus vergleicht seinen Unterricht im Christentum mit dem Pflanzen. Zum Pflanzen wird erfordert, dass man den Boden durch Umstürzen locker macht und in den bereiteten Boden Samen sät. Wie nun das erste bei dem Pflanzen ist, dass man das Erdreich herummacht, was entweder durch Pflügen oder durch Hacken oder durch Scheren geschieht, so ist auch das erste bei jungen Leuten, dass man ihre Gaben, nämlich die Aufmerksamkeit, das Gedächtnis, den Verstand und das Urteil, ausbildet; denn wie man auf unbebautes Feld nicht sät, so kann man auch junge Leute, deren Gaben nicht geübt sind, nicht gut unterrichten. Man darf nur auf einen Menschen, der von Natur beschränkt ist, Acht geben, wie schwer er zu unterrichten ist. Wenn man auf ein umgebautes Feld Samen sät, dann kann wohl auch etwas aufgehen; aber das Wachsen geht schlecht voran, und es kommt nicht viel heraus ... Man muss also bei jungen Leuten nicht nur auf das sehen, was sie lernen sollen, sondern auch auf die Pflege der Gaben ... Dass man bei der Pflege der Gaben auch auf die rechte Zeit merken müsse, sieht man an dem Feld, das man nicht bearbeitet, solange es gefroren oder nass ist ... Weil gebautes Land, das keine Früchte bringt, nichts nützt, so ist es auch bei jungen Leuten nicht genug, dass ihre Gaben ausgebildet werden; sie müssen vielmehr auch Sachen lernen, die ihnen und andern nützlich sind. Denn wie in einem gebauten Acker das Unkraut nur desto stärker wächst, so wird auch ein junger Mensch, der gut ausgebildete Gaben hat, nur desto boshafter und schädlicher, wenn man nicht geeignete Unterrichtsstoffe an ihn heranträgt. Ich habe mir schon oft gewünscht, ebenso viel Verstand und Einsicht im Unterrichten zu haben, wie ihn ein rechter Bauer im Feldbau hat; denn wie ein rechter Bauer weiß, wann und wie er bauen soll, welche Frucht in dieses oder jenes Feld tauge und wie er nicht zu viel und nicht zu wenig säe, so möchte ich auch recht wissen, wann und wie ich die Gaben ausbilden soll und welcher Stoff für diesen und jenen jungen Menschen zum Lernen in erster Linie taugen möchten. Zum Feldbau gehört viel Erfahrung; es wird aber weit mehr Erfahrung fürs Unterrichten erfordert, weil es schwerer ist, Menschen zu pflanzen als Früchte« (Schwabenväter, Bd. XI, S. 92 f.).

# Psychologische Betrachtungen Flattichs

In der Seelenkunde sah Flattich die Grundlage für Erziehung und Unterricht (Roos, S. 147), wobei er bei jedem Schüler nicht auf überragende Leistungen abhob, sondern darauf, dass er brauchbar wurde, je nach einem der vier Bodenqualitäten, die er bei ihnen vorfand. Doch wusste er um die Schwierigkeit, ihre Entwicklung vorauszusehen und ihre Begabung zu beurteilen. Weder ein guter noch ein schlechter Anfang berechtigte zu Stolz bzw. Verzagtheit. Fehlt einem Begabten der Wille, gelte: Es sei übel gejagt, wenn man den Hund zum Jagen tragen müsse. Eine solche Willenshaltung kann über Nacht gewonnen oder verloren werden und zu entsprechendem Ergebnis führen.

Flattich meinte, junge Leute seien nicht wie Maschinen, die nur hervorbringen, wozu sie angetrieben werden. Wie man einem jungen Menschen auch dann zu essen gebe, wenn man kein stetes Wachstum an ihm feststellen könne, so solle man gleichfalls im Lernen weitermachen, auch wenn kein Fortschritt feststellbar sei. Selbst wo der Wille zum Lernen beim Schüler fehle, solle man das Lehren nicht aufgeben, sonst wüchsen die jungen Leute auf wie das wilde Vieh.

Flattich berichtete aus seiner Hohenecker Zeit, dass ein Nachbar darüber klagte, »dass sein Bub in der Schule gar nichts lerne. Ich gab nun auf den Buben acht und sah hernach, dass er fast immer die Gänse hütete.« Flattich sagte zu dem Vater, dass der Junge natürlich nichts lernen könne: »... weil er immer mit den Gänsen umgehe, bleibe er auch eine Gans.« Der Pfarrer hatte nämlich bei seinen Kostgängern festgestellt, dass sie im Lernen keine Fortschritte erzielten, wenn sie viel mit Schafen und Pferden umgegangen seien. Hatte aber einer Freude am Dame- oder Mühlespiel, so schloss Flattich daraus auf die Fähigkeit, »das Rechnen und andere Wissenschaften zu lernen«. Denn das sei ein Zeichen, dass einer gerne nachdenke. »Es liegt sehr viel daran, dass man Kinder auch zu solchen Sachen anhält, die der Pflege ihres Verstandes dienen« (Schwabenväter, Bd. XI, S. 115 ff.).

Der Verstand selbst will Zeit zur Reife haben wie das Obst und mit der Zeit wachsen wie eine Pflanze auf bebautem Boden. Um zu eigenem Nachdenken zu gelangen, muss der Schüler eine Sache nicht flüchtig, sondern eine ganze Zeitlang üben. Die Freude soll in ihm entstehen, um selbständig und immer freiwilliger etwas Rechtes tun zu können. Jeder ernste Wunsch hierzu muss beim Schüler gefestigt werden. Entscheidend ist auch dessen Willensstärke, die gar nicht hoch genug einzuschätzen ist. Nicht Befehle, sondern Liebe lenkt den freien Willen, gewinnt das Herz des jungen Menschen. Flattich verwies dabei auf Paulus, der den Philemon nicht zwingt, da das Gute freiwillig getan sein will.

Hinsichtlich der Entfaltung des Temperaments wollen Eltern ihre Kinder gern so haben, wie sie selbst sind. Hier wie im entsprechenden Verhalten unterschied Flattich bereits zwischen unbeständigen Sanguinikern und schwer lernenden, aber stets zum Tun bereiten Cholerikern. Genaues Beobachten ist nötig, um nichts Falsches zu unternehmen. Flattich nannte als Beispiel das Anvertrauen von Geld, das die einen zur Sparsamkeit, die anderen jedoch zur Verschwendung veranlassen kann.

Von Charakterfehlern unterschied Flattich die Naturfehler (Roos, S. 190). So kannte er auch solche Kinder, bei denen ein Erzieher nichts ausrichten könne. Oft sind diese von ihren Eltern her belastet. Er wies die Meinung zurück, als könne er selbst in besonderem Maße Nichtskönner ändern. Solche hätten sich meist auch bei ihm nicht zum Besseren verändert. Auf alle Fälle solle man körperlich oder geistig Schwache mit besonderer Liebe behandeln (Roos, S. 190). Indessen könne man dem einen nicht erlauben, was man beim andern zulasse, weil dasselbe dem einen schade, dem andern nützlich sei.

Flattich benutzte das Spiel seiner Schüler zu Erkenntnissen über ihren Charakter. Wollte er ihnen etwas abgewöhnen, so musste es – wie oben berichtet – nur in bestimmter Ordnung lange genug betrieben zu werden, um ihm den spielerischen Charakter zu nehmen. Ein allgemeiner Fehler des jungen Menschen bestand für Flattich auch in der Unzufriedenheit über empfangene Gaben Gottes; man will möglichst schnell alles auf einmal haben. Gering oder gar nicht Begabte werden von ehrgeizigen Eltern und Lehrern gehasst und geplagt.

In der Entwicklung des Menschen kannte Flattich drei wichtige Stufen: der Mensch wächst (Wollust dominiert), er steht still (wobei der Ehrgeiz vorherrscht), und er nimmt ab (bei Geiz und Geldgier). Dabei entdeckte Flattich bei alten Menschen viel Schlimmeres als bei jungen (Roos, S. 182).

In der Zeit zwischen dem 12. und dem 14. Lebensjahr kommt es aus Flattichs Sicht zum wichtigsten Einschnitt im Leben eines Menschen. Junge Leute beschrieb Flattich in ihren »Narren- und Tölpeljahren« mit ihrem Eigensinn und Nicht-glauben-Wollen, ihren ständigen Wunschvorstellungen und dem Bau von Luftschlössern wie folgt: »Ich hüpf und springe wie ein Kalb, ich bin gescheit und doch nur halb.« In dieser Zeit machen manche dieser jungen Menschen ihrem Lehrer viel zu schaffen. In solchen Fällen empfahl Flattich dem Pädagogen, weder zu streng noch zu gutmütig zu sein und seine Schüler weder wie Herren noch wie kleine Jungen zu behandeln. Keinesfalls lasse sich dabei etwas mit Gewalt erzwingen.

Flattich beobachtete weiterhin, dass Jüngere den Älteren imponieren und folgen wollen, so dass sie leicht zum Schlechten verführt werden können. Allerdings kann der Einfluss sich auch positiv auswirken. So spornte, wie Flattich erzählte, das Vorbild von Lateinschülern in Kirchheim einen Küfer derart an, dass er ihre Schule besuchte und mit einem solchen Eifer studierte, wodurch er es dann sogar zum Professor brachte. Freunde, Eltern und angesehene Personen könnten junge Menschen zum Guten ermutigen, auch zur Gastfreundschaft motivieren und zum Ertragen von Strapazen beitragen. Seine eigene Tochter ließ Flattich deshalb Latein lernen, damit sie die weniger guten Schüler mit ihren Leistungen beschäme.

In der betreffenden Altersstufe wird über eine spätere bessere Bewahrung des Menschen entschieden. Entsprechend entwickle sich auch die Freude oder zeigten sich Neigungen im Laufe der Jahre unterschiedlich. Dabei sollten Mädchen nicht wie Jungen und diese nicht »weibisch« erzogen werden.

Jeden »Zögling« suchte Flattich als Individuum zu sehen und dementsprechend mit ihm umzugehen. Sollten sich pädagogische Methoden als erfolglos erweisen, so müssten sie geändert werden.

Außerordentlich wichtig war Flattich die *Motivation* zum Lernen. Erreicht man, dass junge Leute etwas gerne tun, hat man schon viel gewonnen. Erzwingt man dagegen etwas, wozu sie keine Lust haben, so führt das oft zum Ungehorsam, zur Unfreundlichkeit, ja zum Lügen. Daher ist in solchen Fällen erhöhte Vorsicht angebracht. Fleiß hält junge Leute vom Bösen ab; ihn zu üben, fördert gute Gaben. Flattich stufte auch den Gehorsam gegen das vierte Gebot (»Du sollst deinen Vater und deinen Mutter ehren…«) sehr hoch ein und machte ihn sogar zu seiner Bewertungsgrundlage.

Gleichermaßen erachtete Flattich jede freiwillig ausgeübte Arbeit als Vergnügen. Zugleich warnte er jedoch vor allzu viel Lob, da dies den Menschen faul und hochmütig werden lassen könne. Zur rechten Zeit ausgesprochen wirke es allerdings ermutigend. Während ein ehrgeiziger Mensch nur sich selbst sucht, will demgegenüber eine ehrliebende Person den Mitmenschen dienen; denn echte Ehre wurzelt in der Nächstenliebe.

Flattich war davon überzeugt, dass stetes Lernen im Laufe der Zeit auch die Freude daran mit sich bringt. Genauso gehe es auch dem, der die Wahrheit liebt. Wissbegierde könne geweckt werden. Bei verschieden ausgeprägter Lust zum Lernen sollten Schüler in Gruppen aufgeteilt, also differenziert unterrichtet werden. Wenn hingegen ein Schüler meint, schon alles zu wissen, so müsse man ihm deutlich machen, wie viel ihm noch fehle. Wer dagegen seine Schwäche fühlt, braucht Ermutigung durch den Erzieher. Oft kamen ärmere Schüler schließlich sogar weiter als andere, die eigentlich von zu Hause aus besser gestellt waren.

Gerade schwach begabten Schülern widmete Flattich viel Geduld und Zeit, unterrichtete sie so anschaulich und leicht verständlich, dass er auch hier erfreuliche Erfolge erzielen konnte.

So soll man schwach begabten Kindern Schweres leicht machen und ihnen geduldig die erforderliche Zeit lassen. Flattich zog dazu folgenden Vergleich: Eine Weide wächst schnell, eine Eiche dagegen langsam, und dennoch wird eine Eiche weit größer als eine Weide. So sind auch verschiedene Geschwindigkeiten beim Lernen und im Blick auf die Begabung zu beobachten. Daher erreichen langsamer Lernende zuletzt oft mehr als solche, die ein rasches Auffassungsvermögen haben. Die Eltern eines weniger befähigten Zöglings munterte er mit dem Vergleich auf, es gebe nicht nur Lichter, sondern auch einfache Öllampen. Zwar könne man mit Frühobst Staat machen, aber das Spätobst umso besser gebrauchen. Sei ihr Kind auch ein Spätentwickler, so werde es mit ihm dennoch keineswegs hoffnungslos sein.

Grenzen der Begabung verglich Flattich mit dem Vorgang des Siedens von Wasser. Habe dieses seinen bestimmten Grad erreicht, könne auch ein noch so großes Feuer daran nichts mehr steigern. Oder: Wie ein Springer über Bachgräben komme man auch mit seinen Seelenkräften nicht über das bestimmte Maß hinaus. Ebenso muss man beim Schüler einmal mehr, einmal weniger auf den verstandesmäßigen Lernvorgang abzielen. Manche schnell Wachsenden werden hochmütig und sind dann »zu kurz im Wagen und zu lang im Karren« (Roos, S. 177). Durch die verschiedene Begabung wird bei den einen Neid erweckt, bei anderen Entmutigung. Ziel der Erziehung ist es, beide zu ihrem Besten zu fördern und ihnen zum Menschsein im Sinne Jesu Christi zu verhelfen.

Der Lehrer beachte die verschiedenen Begabungen und richte danach seinen Lehrstoff ein. Es sei wie bei jemandem, der gute Zähne hat, um eine Speise zu essen, die ein anderer mit schlechten Zähnen nicht beißen kann. Jedoch darf der Lehrstoff nicht nur unter dem Gesichtspunkt seiner Brauchbarkeit betrachtet werden. Man müsse vieles lernen, was wieder vergessen wird, und wisse auch nicht, was in Zukunft nützt. Dennoch soll jeder lernen, so viel ihm möglich ist. Dies gehört auch zur Kultur des Verstandes.

Als einst der Bürgermeister von Metterzimmern wissen wollte, weshalb künftige Pfarrer auch Geometrie studieren, antwortete Flattich ihm, dies sei nötig, um ihren Verstand zu schärfen und das Nachdenken zu fördern. Wer im Unterschied dazu faul ist, will dagegen den Nutzen des zu Lernenden bestreiten. Das Studium fremder Sprachen ist – laut Flattich – für Gott seit Babel ein Mittel gegen den Hochmut und verhelfe jungen Leuten zur Demut, weil es die eigene Schwachheit aufzeige.

Zum *Memorieren* äußerte sich Pfarrer Flattich oft, weil er dessen richtige Ausübung für sehr wichtig hielt. Zuerst solle man den Kindern Gegenstände zeigen und erklären und sie erst dann die dazugehörigen Begriffe lernen lassen. Das Auswendiglernen schätzte

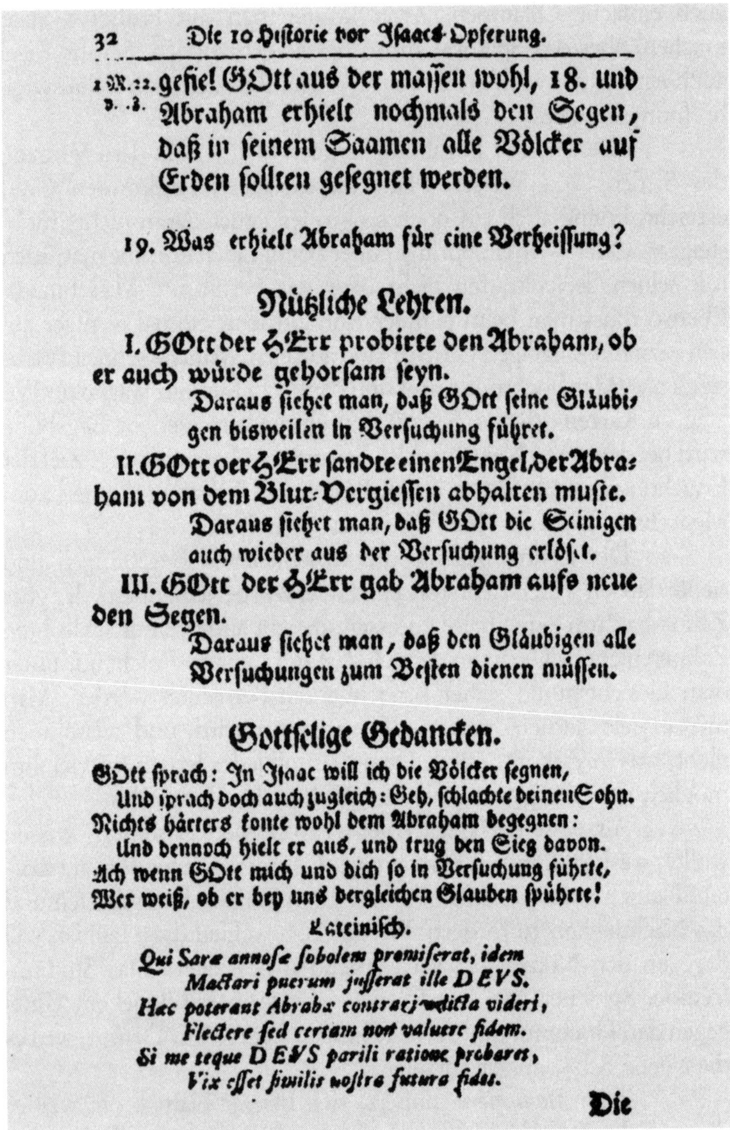
32 Die 10 Historie von Isaacs Opferung.

1 M. 22. v. 18. gefiel GOtt aus der massen wohl, 18. und Abraham erhielt nochmals den Segen, daß in seinem Saamen alle Völcker auf Erden sollten gesegnet werden.

19. Was erhielt Abraham für eine Verheissung?

## Nützliche Lehren.

I. GOtt der HErr probirte den Abraham, ob er auch würde gehorsam seyn.

Daraus siehet man, daß GOtt seine Gläubigen bisweilen in Versuchung führet.

II. GOtt der HErr sandte einen Engel, der Abraham von dem Blut-Vergiessen abhalten muste.

Daraus siehet man, daß GOtt die Seinigen auch wieder aus der Versuchung erlöset.

III. GOtt der HErr gab Abraham aufs neue den Segen.

Daraus siehet man, daß den Gläubigen alle Versuchungen zum Besten dienen müssen.

## Gottselige Gedancken.

GOtt sprach: In Isaac will ich die Völcker segnen,
Und sprach doch auch zugleich: Geh, schlachte deinen Sohn.
Nichts härters konte wohl dem Abraham begegnen:
Und dennoch hielt er aus, und trug den Sieg davon.
Ach wenn GOtt mich und dich so in Versuchung führte,
Wer weiß, ob er bey uns dergleichen Glauben spührte!

Lateinisch.

*Qui Saræ annosæ sobolem promiserat, idem*
*Mactari puerum jusserat ille DEUS.*
*Hæc poterant Abrahæ contraria dicta videri,*
*Flectere sed certam non valuere fidem.*
*Si me teque DEUS parili ratione probaret,*
*Vix esset similis nostra futura fides.*

Die

*Unterrichtsmaterial aus Flattichs Zeit für Lateinschüler (von denen Flattich ja viele hatte)* der Pädagoge, weil es zu schnellerem Lesen sowie zu größerer Sprachfähigkeit und Redegewandtheit führt. Über Gelerntes könnten die einfachen Leute auch auf dem Acker nachdenken, wo sie kein Buch zur Hand hätten (Roos, S. 255).

In seinen »Unterschiedlichen Anmerkungen über das Informationswerk« führte Flattich wörtlich aus (was zugleich beispielhaft für seinen Stil ist): »Wenn man etwas in einem fort auswendig lernen will, so geht es schwer und erfordert gemeiniglich (gewöhnlich) viel Zeit. Wenn man es aber nur etliche Male mit Aufmerksamkeit überliest und den andern Tag erst recht memoriert, so geht es viel leichter und geschwinder. Es muss demnach die Seele ohne unser Wissen damit beschäftigt sein.« Über das kreative Denken heißt es dann direkt im Anschluss daran: »Auf gleiche Weise finden wir, dass wir öfters anfänglich etwas nicht recht begreifen können; und wenn wir es eine Zeit lang anstehen lassen, so können wir es viel besser begreifen. Daher muss auch unsre Seele ohne unser Wissen in der Einsicht einer Sache beschäftigt sein.«

Diesen Vorgang verglich Flattich sodann mit unserem Leib: »... nämlich, wenn wir essen, so verbeißen (d. h. kauen) wir die Speisen und schlucken sie hinunter, wovon wir eine Empfindung davon haben.« Richten wir unsere Aufmerksamkeit auf eine bestimmte Sache, so wird diese ohne unser Wissen von unserer Seele »verdaut«, doch nur, wenn ihr keine Überlegung vorangegangen ist. Schlucke man die Speise nicht oder werde sie unzerbissen verschluckt oder esse man zu viel, so könne der Magen die Kost nicht oder nicht richtig verdauen. Genau so verhalte es sich, wenn man zu viel lernt. Wie nun der Magen durch verträgliche Speisen gestärkt wird, so »wächst der Verstand, wenn er auf die Wahrheit gerichtet ist«.

Wie nun aber von genossenen Speisen das wenigste im Leib bleibt, gestand Flattich, »also bleibt auch jungen Leuten das wenigste, so sie lernen, und das meiste vergessen sie. Man muss demnach jungen Leuten nicht zumuten, dass sie alles behalten sollen. Denn solches wäre der Natur zuwidergehandelt. Der Mensch isst alle Tage, und das meiste geht wieder von ihm, und auf solche Weise wächst er und wird groß.« Folglich soll der junge Mensch alle Tage lernen und geschickt und gelehrt werden. »Wenn alle Speise bei dem Menschen bleiben sollte, so bekäme man einen großen Bauch, dass man zu dem größten Tor nicht mehr hineingehen könne. Und wenn man alles behalten sollte, was man lernt, so würde es dem Menschen selbst zur größten Last sein« (Ledderhose, S. 43 ff.; S. 47 f.).

Im Anschluss an diese Äußerungen ging Flattich auf die einzelnen Formen des Memorierens ein, wobei er wieder besonderen Wert auf die Berücksichtigung der verschiedenen Begabungen der Schüler legte. Dabei dürfe auf keinen Fall die Freude am Einprägen verloren gehen, die ja ohnehin von Natur aus bei vielen kaum vorhanden sei.

Soll man aber alles lernen, auch wenn man meint, künftig keinen Gebrauch mehr davon zu machen? Flattich zog dazu folgenden Vergleich: »Wenn einer nicht mehr Rettichkörnlein stecken wollte, als er künftig Rettich bekommen wollte, so würde es ihm gewiss fehlen, indem nicht alles gerät, was er sät.« Dementsprechend muss man in der Jugend soviel lernen, dass auch etwas von der Saat verloren gehen kann. Zudem kann ja niemand im Voraus wissen, was man in Zukunft brauchen werde. Man wird auch keinen gescheiten Menschen klagen hören, dass er zu viel gelernt habe. Wer mehr als einen Bettelhaushalt führen oder kein schlechter, sondern ein guter Mensch werden wolle, muss in seiner Jugend entsprechend viel lernen. Bescheiden fügte Flattich hinzu: »Zumal der Geschicktere nicht so viel kann, dass er mit Recht sagen könne, er wäre nur dem geringsten Ämtlein gewachsen« (Ledderhose, S. 53).

Flattich beschrieb nicht nur die Entwicklung des menschlichen Verstandes, sondern er bewunderte auch seine Fortschritte beim Kind. Diese beruhen auf der intensiven Betreuung durch die Eltern. Sie ergeben sich aus dem Nachahmungstrieb, besonders unter Geschwistern. Was folglich dem Erstgeborenen Gutes beigebracht wird, bringt den nachfolgenden Kindern Nutzen. »Vielen Leuten aber nutzen und dienen können, soll einem jeglichen eine Freude sein, indem man sodann nicht umsonst auf der Welt ist« (Ledderhose, S. 87).

Erneut warnte Flattich davor, wer nichts lerne, könne dann auch nichts und müsse Angst um sein Fortkommen in der Welt haben (Ledderhose, S. 105).

Ein gelassenes, sanftmütiges Gemüt wird laut Flattich besonders in der Erziehung auf die Probe gestellt, ob es wahr sei. Unmittelbar an diese Bemerkung fügte Flattich hinzu: »Der beste Hund, wenn man ihn an die Kette legt, wird bissig und lernt bellen« (Ledderhose, S. 113).

Das Schreiben hielt Flattich für ein gutes Mittel, um zu verhindern, im Denken zu schnell und damit zu flüchtig zu werden. Man muss nämlich dadurch seine Gedanken erst zu Papier bringen. »Wer nun gute Seelenkräfte hat, ... Wahrheiten sammelt, ... liebt und ihnen nachdenkt, der kann mehrere Wahrheiten bekommen ..., ja es können oft wenige Wahrheiten sich weit bei ihm ausbreiten und ihm zu vielen neuen Gedanken Gelegenheit geben.« Weiß dagegen jemand weniger, als er in der Jugend gelernt hat, zeigt sich das ebenso wie bei einem Acker, der in der Ernte weniger Frucht bringt, als in ihn hineingesät wurde (Ledderhose, S. 125). Zu lebhafte Vorstellungen sind dabei zu zügeln, zu schwache zu fördern, um ein gutes Studium ohne Ablenkung oder Ermüdung zu ermöglichen (Ledderhose, S. 129).

## Ziele der Erziehung

Für Pfarrer Flattich waren in der Erziehung *vier Ziele* von elementarer Wichtigkeit:

1. Er ging dabei von der *biblisch* begründeten und sich stets bewährenden Nachfolge des Vorbildes *Jesu* aus. Daran ist das richtige Verhalten des Menschen in allen Situationen des Lebens ablesbar und nachahmenswert. Deshalb soll als bestes und höchstes Ziel der Erziehung angestrebt werden, junge Menschen durch das Wort und im Wort Gottes »gescheit zu machen«. Dabei muss sich der Erzieher völlig im Klaren darüber sein, dass er es immer mit Menschen und nicht mit Maschinen zu tun hat.

2. Entsprechend sollen auch *die Kräfte der Seele, des Gemüts und Charakters* ständig in Anspruch genommen werden. Je mehr dies geschieht, umso fähiger werden sie im Laufe der Zeit. Diesen Vorgang verglich Flattich mit einem langen Aufenthalt in der Finsternis, welcher das Licht anschließend schwer erträglich macht. Deshalb

muss auf das geistliche Licht genauso geduldig gewartet werden, wie Jesus die Sehkraft des Blinden (Markus 8, 24) erst allmählich wiederhergestellt habe. Entsprechend Flattichs eigenen Beobachtungen und Erfahrungen bleiben dennoch viele Unterschiede so unaufhebbar bestehen wie die zwischen einem Tollpatsch und dem König Salomo. Also ist auf jeden Fall zum Erreichen dieses Zieles in der Erziehung viel Geduld und Zeit erforderlich – hat sich doch Gott selbst bei seiner Schöpfung Zeit genommen und am siebten Tag von seinen Werken ausgeruht.

Eine derartige Erkenntnis bewahrt laut Flattich vor und befreit von aller hektischen Zielstrebigkeit auf pädagogischem Gebiet. Rapide Erfolgsmeldungen sind demnach nicht zu erwarten. Zu dieser Betrachtungsweise gehören auch kreativ wirkende Pausen. Sie fördern die Entwicklung des Kindes vor allem dann, wenn ein Lernprozess überhaupt nicht oder nicht mehr recht voranschreiten will.

3. Alles bisher Dargelegte fördert ferner das *selbständige Denken.* Dieses hängt wiederum zusammen mit der richtigen Auswahl der Unterrichtsstoffe sowie der bestgeeigneten Erziehungsmittel und -methoden im Blick auf den einzelnen Schüler. Das kann nie sorgfältig genug zur Erreichung eines Zieles bedacht werden. Flattich vergleicht ein solches Vorgehen mit der Speisung von Kindern, denen die passende Kost mal früher, mal später verabreicht werden kann. Die geistliche und geistige Nahrung muss also zuerst auf ihre Tauglichkeit überprüft werden, ehe sie vermittelt wird. Flattich empfahl hierzu, jeweils nur eine einzige Arznei und nicht sogleich eine ganze Apotheke an Mitteln zu verabreichen. (Die sprunghafte Verwendung verschiedenster Bilder zur Veranschaulichung ein und desselben Sachverhalts in unmittelbar aufeinander folgenden Sätzen ist typisch für sämtliche schriftlichen Äußerungen Flattichs!)

Das Beachten und Einhalten eines begabungsgemäßen *Lerntempos*, das individuell zu ermitteln ist, war ein weiteres Ziel der pädagogischen Bemühungen Flattichs (vgl. Roos, S. 258). Vorrangig war für Flattich in diesem Zusammenhang jedoch nicht die Vermittlung von Stoffwissen, sondern die *Förderung* der individuellen Begabungen und die *Stärkung* des *Willens* zum guten Handeln und die Steigerung der Denkfähigkeit eines Schülers.

4. Zielbewusst wollte Flattich auch ein gesundes *körperliches* neben dem geistigen *Wachstum* fördern.

Alles Angestrebte soll und darf nach Flattichs fester Überzeugung ganz und gar unter Gottes Führung gestellt werden und stehen. Mögen manche Leute aus einfachsten Verhältnissen durch die Erziehung wichtigste Positionen im Leben erreichen, so galt für Flattich sowohl auf sich wie auch auf solche Menschen bezogen: »Durch Gottes Gnade bin ich, was ich bin.«

Alles in allem war der Pädagoge und Pfarrer Johann Friedrich Flattich allezeit mit ganzem Einsatz bestrebt, jungen Menschen eine harmonische und alle guten Gaben und Willenskräfte ganzheitlich weckende und fördernde Erziehung angedeihen zu lassen.

Das Urteil des Pädagogen Völter zu Flattichs Erziehungszielen fasst dies nochmals zusammen und weist zugleich auf die Entwicklung des weiteren Schul- und Erziehungswesens hin: »Die Wichtigkeit der Gesundheitspflege, die Aufnahme der Muttersprache und der Realien [d. h. der Sach- und Naturwissenschaften] in den Kreis der Unterrichtsfächer, die Idee der formalen Bildung, der harmonischen Ausbildung der Geisteskräfte, das Dringen auf Kultur des Verstandes und der Phantasie, auf deutliche und lebhafte Vorstellungen und Begriffe, die Sorge, den Kindern das Lernen möglichst leicht und angenehm zu machen, das alles sind [für Flattich] ganz geläufige Dinge« (Roos, S. 116). Klar verständlich hütete sich dieser geniale und originale Erzieher vor Übertreibungen und Überschreitungen seiner Arbeit an den Kindern und Jugendlichen seiner Zeit.

# 7. FLATTICHS LETZTER LEBENSABSCHNITT

Amtliche Schriftstücke runden das bisher gewonnene Bild von Pfarrer Johann Friedrich Flattichs Persönlichkeit und Tätigkeit bis in sein höchstes Alter ab.

## Pfarrer Flattichs Größe und Grenze

Die Beurteilungen über Pfarrer Flattich durch seinen *Münchinger Gemeinderat* waren durchweg äußerst positiv gewesen. Sie wurden beim sogenannten »Durchgang« anlässlich der Visitationen gegenüber dem Dekan in Abwesenheit des Pfarrers abgegeben. So lautete das Zeugnis bereits 1768, er sei »der lauteren evangelischen Wahrheit von Herzen ergeben«, halte gute Ordnung im Haus, besonders bei seinen Kostgängern, die er unterrichtet, führe auch »eine feine Ehe«. Als Flattich in seinem 78. Lebensjahr immer noch seine Amtsaufgaben wahrnahm, wünschte ihm seine Gemeinde ein längeres Leben, denn er predige noch fasslich und erbaulich. Im folgenden Jahr bestätigte ihm die Gemeinde ihre volle Achtung und Liebe: Seine Predigten seien »noch verständlich und mit Erbauung«; ihr Pfarrer führe »mit den Seinigen einen frommen Wandel.« Der visitierende Dekan lobte zusätzlich: »Dieser rechtschaffene Knecht Gottes verdient dies Zeugnis vollkommen.« Als kurz vor Flattichs Tod wieder eine Visitation stattfand, erklärten die Münchinger Räte, dass sie ihren alten Pfarrer von Herzen ehrten und liebten.

Johann Friedrich Flattich wäre aufgrund seiner allgemein anerkannten »großen Gelehrsamkeit« und durchdringenden Urteilsfähigkeit durchaus zu Höherem fähig gewesen, aber er wollte der bescheidene und demütige Diener seiner Kirche auf dem Dorf bleiben.

Die Münchinger Kirchengemeinde wurde ebenfalls ständig beurteilt. So wurde ihr im Jahre 1794 bescheinigt, sie sei arbeitsam, sparsam, bestehe aus dienstfertigen und »guttätigen« Leuten, die »vorzüglich fleißig in Besuchung des Gottesdienstes« seien, wobei allerdings auch »ein seit kurzer Zeit bemerkbarer Geist der Unruhe« (wohl im geistigen Einflussbereich der Französischen Revolution) nicht unerwähnt blieb (bei Hagen, S. 70).

Eine Begegnung zwischen Flattich und Johann Caspar Lavater (1741–1801) verlief in Gegenwart des Ludwigsburger Waisenhaus-Schulmeisters Israel Hartmann ohne bleibende Spuren. So missfielen dem Schweizer – dem Freund Goethes und Bekannten Philipp Matthäus Hahns – Flattichs ärmliche Erscheinung und sachliche Wesensart.

Trotz aller anerkannten und anerkennenswerten Erfolge und Erkenntnisse Flattichs als genialem Pädagogen (siehe Kapitel 6) wurde auch manches an seiner Person und Amtsführung beanstandet. Dies soll nicht unerwähnt bleiben, aber auch nicht negativ bewertet werden.

Sechs Jahre vor Flattichs Tod, als er noch fast uneingeschränkt sein Amt versah – und dies mit immerhin schon 78 Jahren! – tadelte ein Visitationsbericht, dass die größeren Kinder nicht selten die Wochengottesdienste geschwänzt hätten. Flattich selbst gab zu, viele von ihnen würden nach Schulschluss schnell nach Hause laufen, statt in die Kirche zu kommen. Ja, es sei schon geschehen, dass sie zur vorderen Kirchtür hinein-, dann aber zur hinteren Tür wieder hinausgerannt seien. Teilnahmsvoll suchte der Dekan seinem Pfarrer beizustehen, um diesen Missstand abzustellen.

Auch im Blick auf seine Aufgaben als offiziell Beauftragter für die Ordnung im Ort wurden Flattich Versäumnisse vorgeworfen, weil er nicht gegen nächtliche Ruhestörungen durch junge Burschen eingeschritten war, die oft an Sonn- und Feiertagen johlend im Dorf herumschwänzten und die Ruhe der Leute störten. Der allergrößte Fehler aber sei, die jungen Leute viel zu lange in den Wirtshäusern zu dulden. Um wenigstens der größten Unordnung zu wehren, sollte künftig die »Scharwacht« solche Vergehen zur Anzeige bringen und ohne Rücksicht auf die Person ihre Bestrafung veranlassen.

Das Protokoll des Kirchenkonvents von Münchingen zeigte aber schon 1763, also in Flattichs mittleren Lebensjahren, dass auch er nicht sämtliche Gemeindeglieder gleich gut ansprechen konnte. Da wurde nämlich über eine gewisse Unruhe, Unordnung und Schwätzerei unter den jungen Gottesdienstbesuchern im Chor Klage geführt. Wer sich nicht entsprechend zur Ruhe ermahnen

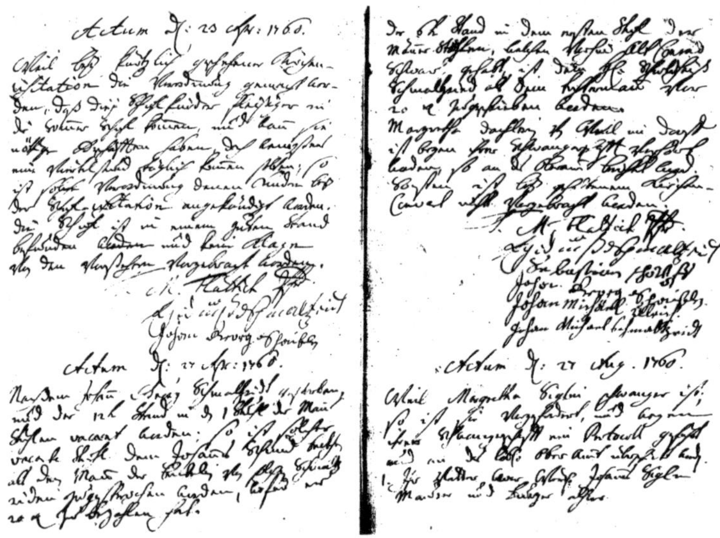

*Flattichs erste Eintragung in den Münchinger Kirchenkonventsprotokollen (vom 24. April 1760)*

lasse, solle künftig durch den Kirchenkonvent eine Strafe auferlegt bekommen. Dasselbe solle auch mit jenen jungen Leuten geschehen, die beim Besuch von Kinderlehre und Sonntagsschule (später »Christenlehre« und »Kinderkirche« genannt) nachlässig seien. (N. B.: Der Kirchenkonvent war angesichts der sittlichen Missstände des Dreißigjährigen Krieges von dem damaligen Calwer Dekan Johann Valentin Andreae angeregt und durch Synodalerlass 1642 als Aufsichtsorgan in jeder Gemeinde eingerichtet worden. Er hatte regelmäßig unter dem Vorsitz des Pfarrers, des Schultheiß und weiterer Vertreter der Kommune zu tagen.)

Flattich traf seine Entscheidungen, die in seinen Amtsbereich fielen, weniger gemäß der bestehenden Einzelvorschriften als vielmehr unter Rücksichtnahme auf das Wohl des betroffenen Menschen. Nicht das Befehlen und Lärmen, das bei den meisten vorliege, sei am wichtigsten, sondern das, was die Liebe bessert. Daher wurde der Pfarrer etwa auch deshalb einmal getadelt, weil er aus Rücksicht auf eine lange Erkrankung des Schultheiß den Kirchenkonvent (dessen Mitglied dieser ja war) ausfallen ließ. Auch übte er Nachsicht bei Bauern, die in der Erntezeit schwer zu arbeiten hatten: Flattich hielt in dieser Zeit die eigentlich vorgeschriebenen Wochengottesdienste nicht ab, was ihm eine Rüge einbrachte (Heimatbuch Münchingen, S. 345).

»Um der Ohnordnung der leddigen Leuthen zu steuern« beschloss man sogar, die Kirche durch einen Umbau zu erweitern. Außerdem wurde Knechten, Handwerksburschen und ledigen Bürgersöhnen nicht mehr gestattet, auf der Orgelempore Platz zu nehmen. 1775 nahm das Schwätzen in der Kirche derart überhand, dass es andächtig zuhörende Gottesdienstbesucher störte, so dass der Konvent zu Strafen schreiten und zugleich dafür sorgen musste, dass diejenigen, die die Unruhestifter anzeigten, nicht verraten wurden. Ebenfalls sollten Fahrten der Müller während der Gottesdienstzeit nach Stuttgart unterbunden werden. Ausnahmen mussten jeweils einzeln beantragt und in Notfällen vom Konvent genehmigt werden.

Den Klagen über unübersehbare Schwierigkeiten mit Jugendlichen stehen aber die viel zahlreicheren Berichte von Flattichs Erziehungserfolgen mit dieser Altersstufe gegenüber, wonach viele seiner Zöglinge freiwillig die Gottesdienste und andere kirchliche Veranstaltungen besuchten. 1767 berichtete Flattich seiner Kirchenleitung, die Kinder würden zur rechten Zeit zum (staatlichen) Schulbesuch angehalten und nicht durch Flattichs Privatunterricht davon abgehalten. Erst wenn der Pfarrer sie freigesprochen habe, würden sie vom Schulunterricht befreit. Einen Wecken erhalte nur dasjenige Kind, das am Unterricht teilnimmt.

Die Mauer der Johanneskirche war um 1783 auf eine Länge von nicht weniger als 13 m eingestürzt. Ihre Erneuerung konnte durchgeführt werden. Schon 1788 stand wieder eine große finanzielle Herausforderung an: Wegen der wachsenden Zahl von Besuchern der Gottesdienste war es erforderlich, die Kirchenstühle zu renovieren, ja auch neue Bänke anzuschaffen. Die Kosten hierfür beliefen sich auf 975 Gulden, 38 Kreuzer und vier Heller. Dazu hatte Pfarrer Flattich die Erwartung geäußert, dieses Bauwesen finanziell nicht so hoch zu treiben, »doch lässt man sich solches gefallen«.

Flattich war einmal angeboten worden, den Weg vom Pfarrhaus zur Kirche mit Steinplatten zu belegen. Er lehnte dies ab, denn er verlange das nicht und wolle der Kommune keine unnötigen Kosten bereiten. Als der Dekan ihn auch auf den Nutzen für seinen Nachfolger hinwies, erwiderte Flattich – wie er seinem Sohn berichtete –, weil man im geistlichen Stande bis zur festen Anstellung warten müsse, sehe man nicht gern, wenn Geistliche lange leben. Vielmehr wären viele froh, wenn ein solcher Pfarrer bald sterbe, damit man nachrücken könne.

Kurz vor Pfarrer Flattichs Tod hieß es im Pfarrbericht von 1797 noch zum Stichwort der Privatstudien und der Bibellektüre: »Pastor gibt sich als ein alter Mann vornehmlich mit der Lesung des Neuen Testaments ab.«

Die von Pfarrer Kirschbaum im Münchinger Heimatbuch zusammengetragenen und veröffentlichten Kirchenkonventsprotokolle sind deshalb hier herangezogen worden, um das Lebensbild Flattichs von idealisierten Darstellungen freizuhalten. Außerdem dient die wirklichkeitsgetreue Schilderung seiner Schwierigkeiten manchem heutigen Leser aus dem Bereich der Jugenderziehung als Ermutigung, da doch auch ein solch begabter und begnadeter Pädagoge wie Flattich nicht ohne eigene Probleme im Umgang mit jungen Menschen gewesen war, sich dadurch jedoch nicht unterkriegen ließ.

## Letzte Lebensjahre – Gedanken über Alter und Tod

Nachdem zwei Töchter Flattichs als Witwen zu ihrem Vater zurückgekehrt waren, machte ihm mehr und mehr die Hinfälligkeit des Alters zu schaffen. 1794 lähmte ein Schlaganfall seine Beine. Er konnte keine Predigtdienste mehr verrichten, musste daheim im Lehnstuhl bleiben und las jetzt nur noch, aber sehr intensiv in der Bibel.

Bereits in jungen Jahren hatte Flattich daran gedacht, sich auf das Alter so vorzubereiten, dass er dabei nicht »verdrießlich« werde. Auch stimmte er Oetinger zu, wenn dieser Gott bat, bei ihm im Alter keine Schläfrigkeit aufkommen zu lassen. Man solle es wie Maria machen, die das »gute Teil erwählt« habe (Lukas 10,42): Je mehr man Gottes Wort suche, umso mehr erhalte man Licht und seelisches Wachstum. Flattich bedauerte jene einfachen Leute, die sich nicht genügend Zeit dafür nehmen können. Stattdessen sollen das Wort Gottes und das Gebet im Mittelpunkt des älter werdenden Menschen stehen.

Zu einer genügsamen Lebensweise gehörte bei Flattich auch der Wunsch nach einem langen irdischen Dasein, um dadurch noch möglichst viel an Glaube, Liebe und Hoffnung zu lernen. Statt zu richten solle man vergeben. All dies sowie die Sorge um die Kinder sei zum Gegenstand des Gebets zu machen, weil doch alles Gute von Gott kommt. In dieser Schule des Alters möge man dann auch alles »Maunzen« (Jammern, Klagen) und die Ungeduld »ablegen«. Nicht zuletzt bewahre das Weiterarbeiten vor Verdrießlichkeit und mangelnder Achtung durch andere.

Einer alten Kusine riet Flattich, nicht zur »Maunzerin«, zur stets murrenden Person zu werden. Der verwitweten Frau Amtmännin empfahl er, ihr Gesinde, ihr Vieh und ihre Güter zu behalten und ihren Haushalt weiter zu betreiben.

Erst als Flattich nur noch einen kleinen Haushalt hatte und nicht mehr seinen Mitmenschen dienen konnte, musste er sein »Erziehungswerk« an jungen Leuten aufgeben. Er schrieb: »Der Mensch muss zwanzig Jahre am Leib wachsen, wie viel mehr muss er lange Zeit an der Seele wachsen. Deswegen hat man im Alter noch zu lernen, und ich habe oft darüber nachgedacht. Ich danke Gott jeden Morgen, dass ich noch lebe, denn ich habe noch viel zu lernen.« Man solle sich im Alter ganz auf das Vergeben konzentrieren, weil Gott selbst so reichlich vergibt. Wer keine Liebe aufbringe, beweise damit, dass er keine Vergebung empfangen habe.

Im Übrigen dankte Flattich Gott, so alt geworden zu sein: denn man glaube den Alten eher als den Jungen.

Als Gehbeschwerden es Pfarrer Flattich unmöglich machten, weiterhin den Predigtdienst zu versehen, musste er sich völlig umstellen. Jetzt gehe es darum – so meinte er –, den neuen Menschen anzuziehen, recht ins Werk Gottes hineinzugehen, »um den Geist Gottes (zu) bitten, denn dadurch wird man ein Kind Gottes, und das ist etwas Großes«. An anderer Stelle äußerte sich Flattich so: Weil er doch ein höheres Alter erreicht habe als seine Mutter und ihr Bruder, wolle er Kind sein im Blick auf das Böse, die Sünde ablegen, aber kein Kind im Verstande werden. Insgesamt kam es für Flattich entsprechend der apostolischen Mahnung aus Epheser 4, 22 – 24 darauf an: »Legt den alten Menschen ab.« Wer im Alter so fröhlich sein wolle wie ein junger Mensch, der lebe gemäß der Mahnung des 2. Petrusbriefs (3, 18): »Wachset in der Gnade und in der Erkenntnis.«

Als Flattich nach dem Tode seiner Frau eine Zeit lang die Zahl seiner Zöglinge verringerte, verzichtete er neun Jahre auf einen Vikar und übte also die Pfarrtätigkeit allein aus. Danach unterstützten ihn seine Söhne als Vikare, zunächst Andreas Friedrich (später in Engstlatt) und anschließend – bis zum Tod des Vaters – elf Jahre lang Christoph Ludwig, genannt Louis. Ihm übertrug der Vater nach und nach die Amtsgeschäfte, die er selbst nicht mehr wahrnehmen konnte, – obwohl er noch im Alter von 74 Jahren »gründlich, praktisch und populär« an Sonn- und Feiertagen predigte.

Sehr wichtig war Flattich, im Alter seine Haushaltsführung und eigenen Besitz möglichst lange nicht aufzugeben, und zwar aus drei Gründen: Man solle als alter Mensch zum einen nämlich nicht in die Abhängigkeit seiner Kinder geraten. »Es ist eine böse Sache, wenn die Kuh am Kälbchen saugen muss.« Ferner werde ein Mensch ohne Beschäftigung leicht kindisch; und drittens hielt sich Flattich an das alttestamentliche Wort, mit dem Gott den Menschen bis zum

Tode mit Arbeit beauftragt habe: »Im Schweiße deines Angesichts sollst du dein Brot essen, bis du wieder zu Erde werdest ...« (1. Mose 3, 19). Es heiße ja nicht: »... bis du alt werdest«!

Inneren Frieden erhalte, wer nach dem Wort Gottes handle. Dann kann man sich auch der Trübsale rühmen (Römer 5, 3), um in schweren Zeiten Geduld zu lernen und auch das Leid anzunehmen. Im übrigen seien alle Schätze der Weisheit in Christus verborgen. So reiche die natürliche Philosophie ohne Offenbarung Gottes auch nicht aus, um zu erkennen, wie der Mensch in Zeit und Ewigkeit glückselig werden kann, oder um zu wissen, was es auf sich habe mit dem Zustand nach dem Tod, mit dem allgemeinen Gericht Gottes und mit dem, was nach dem Jüngsten Gericht folgt. Diese Unwissenheit der natürlichen Philosophie solle zu jener höheren salomonischen Weisheit und Philosophie hinlenken, die auf das Halten der Gebote Gottes dringt.

Als der greise Flattich krank wurde, ermahnte er seine Besucher zur ernsthaften Nachfolge Jesu, der es ernst nehme, weil so viel dazu gehöre, das Ziel des Lebens zu erreichen.

Als einer seiner ehemaligen Zöglinge zu dem Sterbenden sagte, dass er ihm gar nicht genug danken könne für das, was Flattich an ihm getan hatte, entgegnete dieser: »Wenn Er sich ernstlich bekehrt, so ist mir das die größte Frucht, Ihn in jener Welt zu sehen.«

Auch dem todkranken Flattich blieben fast bis zuletzt geistliche Anfechtungen nicht erspart, aber er rang sich durch und wurde frei davon. So konnte er freudig seinen Betreuern bezeugen: »Jetzt kann ich mit Simeon sagen: Herr, nun lässest du deinen Diener im Frieden fahren.«

Im Mai 1797 setzte bei Johann Friedrich Flattich ein gravierender Kräfteverfall ein, der von zunehmenden Beschwerden einer Brustwassersucht begleitet war. Selbst in den letzten acht Tagen anhaltender Ruhelosigkeit blieb der Kranke sehr geduldig und im Vertrauen auf Gottes Verheißungen gelassen. Am Donnerstag vor Pfingsten, dem 1. Juni 1797, durfte Pfarrer Johann Friedrich Flattich heimgehen.

Unter größter Beteiligung der Menschen aus nah und fern wurde er am Pfingstsonntag, dem 4. Juni 1797, in Münchingen beerdigt. Flattichs Kollege aus Ditzingen, Pfarrer Osiander, hielt die

Predigt am Grabe Flattichs über Daniel 12,3 (»die da lehren, werden leuchten wie des Himmels Glanz, und die viele zur Gerechtigkeit weisen, wie die Sterne immer und ewiglich«). Danach fragte Dekan Hohlhahn die Gemeinde in der Kirche zu Hebräer 13,7 (»Gedenkt an eure Lehrer, die euch das Wort Gottes gesagt haben; ihr Ende schaut an und folgt ihrem Glauben nach«), ob und wie sie Flattichs Amt bei ihnen genutzt hätten. Er schloss mit dem Wunsch: »Der große Gott wolle Flattichs Andenken zu einem beständigen Segen werden lassen, dass wir alle auf dieser seligen Glaubensbahn, auf welche wir von Gott durch sein Wort geleitet worden sind, auch nachfolgen, bis wir das ewige Leben ergreifen.« Der Flattich-Biograf Ledderhose fügte zu diesen Worten seinen eigenen Wunsch hinzu, der auch dem heutigen Leser gelte: »Dazu kann und möge Flattich auch jetzt noch dienen« (S. 114 f.).

H. Ehmer zitiert (a.a.O., S. 46) aus dem Landeskirchlichen Archiv das Synodalprotokoll von 1797: »Pastor M. Joh. Friedrich Flattich starb am Tage nach der Visitation d. 1. Juni vorm(ittags) 10 Uhr.« Der Nachfolger Flattichs im Münchinger Pfarramt, Philipp Heinrich Friz, wird vom Gemeinderat ein Jahr später als »vollkommener Ersatz für Flattichs Verlust« bezeichnet. »Jedermann habe ihn gern« (zit. bei Ehmer, a.a.O., S. 23).

Zu Flattichs *Grab* finden sich (Heimatbuch Münchingen, S. 347) aus dem Gedicht »Es grünt im Strohgäu ein Lindenbaum« von Otto Schmid die folgenden Strophen:

*Es grünt im Strohgäu ein Lindenbaum zu Münchingen auf der Höh.*
*Er steht auf ernstem, heiligem Raum, wo uns der Trost winkt: Ersteh!*
*Dort ruht ein ganzer deutscher Mann im kühlen Grabe dort unten,*
*ein Freund der Jugend, der Gutes sann und Edles zu allen Stunden.*
*»Für die Ewigkeit was getan!« war stets sein Wort und sein Denken,*
*zu allen Zeiten sein höchster Plan, aufs Ewige den Geist zu lenken.*

*Es ist Pfarrer Flattichs stilles Grab, auf welchem grünet die Linde.*
*Die Zweige neigen sich stets hinab und flüstern den Namen im Winde.*
*Doch wenn der Sturm durch die Blätter rauscht, dann trägt es weit in die Ferne:*
*»Ich habe geküsst, ich habe geschaut ein Grab, das leuchtet wie Sterne.«*
*Der Name ist ein Erlösungswort, wenn Zweifel die Menschheit umfluten.*
*Es lebe, Edler, dein Wirken fort, als Hort und Schild alles Guten.*

Aus der Feder des Sohnes stammt eine Beschreibung der Tätigkeit von Vater Flattich, die mit Fug und Recht als zusammenfassende Würdigung dieses Pfarrerlebens verstanden werden kann. Er schrieb 1797 über die Pfarrei Münchingen: »Zeigt sich der Segen göttlichen Wortes durch Wachstum in der Erkenntnis, besonders manche Kraft auf dem Totenbett. Es ist auch Ehrerbieten und Verlangen nach Gottes Wort und Sakramenten in der Gemeine und Leute, die sich von vorigen Sünden zurückkehren und solche an anderen verabscheuen. Der Genuss des Hl. Abendmahls nimmt nicht ab, die Gemeinde erscheint vielmehr fleißig bei demselben. Allgemein herrschende Laster oder Untugenden sind nicht in der Gemeinde, vielmehr können manche schönen Tugenden von ihr gerühmt werden. Sie zeichnet sich durch fleißige Arbeit und Sparsamkeit vor manchen anderen aus … Der Staat in den Kleidern ist sowohl bei den Reichen als Armen ziemlich unbekannt. Auch ist die Gemeinde dienstfertig und gutthätig, besonders gegen Arme und Kranke.«

Bei seiner insgesamt 37 Jahre währenden unermüdlichen Tätigkeit als Pfarrer in Münchingen blieb Flattich demütig und war manchmal deprimiert, weil er doch einen unguten Zeitgeist in der Gemeinde aufkommen sah. Dennoch blieb er davon überzeugt, dass Gott den ausgestreuten Samen seiner Verkündigung weiter keimen und reifen lasse.

*Schattenriss Flattichs*

Das *Aussehen* von Pfarrer Flattich ist nicht mehr eindeutig zu bestimmen, denn es existiert kein Bild von ihm. Ein Schattenriss zeigt lediglich seinen Kopf in Umrissen. Doch ist dies charakteristisch für seine Person: er war äußerst bescheiden und wollte im Dienst für seinen Herrn Jesus die eigene Person nicht in den Mittelpunkt gestellt sehen. Gewiss hätte er auch kein Geld für sein Bild ausgegeben. Der *Flattichstein* zeigt daher kein Relief, sondern besteht nur aus einem groben Klotz und entspricht Pfarrer Flattichs demütigem Altersbekenntnis, er selbst sei allezeit für Gott ein grober, »splissiger« Klotz gewesen, an dem dieser immer noch schleifen müsse.

Im Ortsführer für Münchingen beschreibt der Heimatforscher Alfred Gruber (S. 26) den Sinn der auf dem Stein angebrachten Bronzetafel mit der Inschrift: »Ich bin ein Friedensbote.« Dies war nämlich Flattichs Antwort gewesen, als er von Herzog Carl Eugen scharf getadelt worden war, weil er während des Siebenjährigen Krieges 1760 Getreidevorräte für die Bevölkerung in Notzeiten anlegen ließ, anstatt sie dem Militär zugute kommen zu lassen. »Halten zu Gnaden, gnädiger Herr, ich bin ein Friedensbote«, war die kühne Antwort gegenüber dem Krieg führenden Landesherrn und gleichzeitig sein entschiedenes Eintreten für den Frieden, wie er es auf alle Lebensbereiche bezog und in allen Lebenslagen mit Wort und Tat bezeugte.

Sehr interessant und informativ zeigt die Flattichstube im Alten Schulhaus Münchingens als Teil des dort untergebrachten Heimatmuseums den Lebenslauf und wesentliche Aussagen von Pfarrer Flattich.

# SCHLUSSBETRACHTUNG

In Anbetracht des geschilderten Lebenswegs und -werks von Pfarrer Johann Friedrich Flattich ist es kaum verständlich, dass seine Persönlichkeit und Gedanken heute in Vergessenheit geraten sind und auch historisch immer weniger gewürdigt werden. Demgegenüber charakterisierte Heinrich Hermelink in seiner württembergischen Kirchengeschichte Flattich als »eine eigenständige Gestalt des Schwäbischen Pietismus« und als »originellstes unter allen schwäbischen Originalen« (S. 253 ff.). Und in einer neu erschienenen Gesamtdarstellung der Geschichte des Pietismus urteilt Prof. Dr. Martin Brecht, es sei »eigentlich bedauerlich, dass man Flattich [zu seiner Zeit] keine größere Erziehungsaufgabe gestellt hat« (M. Brecht, a.a.O., S. 265).

Die *theologischen* und *praktischen Grundlagen* von Flattichs Pfarrdienst und Pädagogik wurzeln in der lutherischen Reformation seiner Heimatkirche mit ihrer Rechtfertigungslehre und der uneingeschränkten Bindung an das in der Bibel bezeugte offenbarte Wort Gottes entsprechend der pietistischen Schule seines wichtigsten Lehrers Johann Albrecht Bengel. Dessen Bekenntnis kann daher auch auf Flattichs gesamte Tätigkeit bezogen werden: »Gottes Wort ist unbedingt zuverlässig, man kann himmelfest darauf bauen« (Hermelink, S. 253).

Mit seinem *sozialen Einsatz* in der Bekämpfung von Armut und Not in seinen Gemeinden reihte sich Flattich in hervorragender Weise in die Schar jener zahlreichen Pietisten ein, die aus Liebe zu ihrem Herrn Jesus Christus und nach seinem Gebot für ihre Mitmenschen die verschiedensten Werke der Barmherzigkeit ins Leben gerufen und tatkräftig, ja opferbereit gefördert haben. Dadurch sind die diakonischen Anstöße und Anliegen für die gesamte Kirche Vorbild und Verpflichtung geworden. Sie wirken bis heute in fruchtbarer Weise zum Nutzen, Wohl und Heil vieler Menschen auf Staat und Gesellschaft ein. Flattichs eigentliche und entscheidende Anliegen haben daher überhaupt nichts von ihrer Aktualität und Dringlichkeit eingebüßt.

Als genialer *Pädagoge* und begnadeter *Erzieher* war Flattich zugleich ein ausgesprochener Freund der Jugend und wertvoller Berater von Lehrern und Eltern. Die besondere Art, Begründung und Bewährung hinsichtlich dieses zentralen Tätigkeitsfeldes ließ ihn unermüdlich und mutig immer neue Wege im Umgang mit den ihm anvertrauten »Zöglingen« beschreiten. Dabei bezog er bewusst die sog. Schwererziehbaren und Schwachbegabten in seine Bemühungen ein – was modern anmutet, jedoch im zeitlos verbindlichen biblischen Menschenbild und christlichen Dienstauftrag angelegt ist. Für die damalige Zeit wirkte Flattich als Pionier im Erziehungswesen des Herzogtums und der Kirche Württembergs – gab es doch in jenen Tagen noch keine staatlich getragene und geförderte Schulbildung. Diese lag vielmehr völlig im Ermessen der Kirche, d. h. der Finanzierung durch den örtlichen »Armenkasten«. Wegen fehlender entsprechender Bildungseinrichtungen waren die Schulmeister oft höchst mangelhaft informiert und hatten als ehemalige Soldaten oder Handwerker einen geringen Wissensstand. Flattich leitete als Vorhut gebildeter und engagierter Lehrer das Interesse an der Bildung der Jugend in einflussreichen Kreisen ein und wirkte auf die zunehmende Besserung des gesamten Schulwesens im Lande und in der Kirche hin. Dabei ging es ihm allezeit und überall um den ganzheitlichen Menschen auf der Basis der Religion als wichtigstem Mittel sittlicher Erziehung nicht nur mit Worten, sondern auch mit Taten, nicht nur in der Wissensvermittlung, sondern der Willensbildung, in Liebe und Geduld, nicht mit Gewalt. Neben den entschieden christlichen Erziehungsprinzipien ist bei ihm aber auch der Geist echter Humanität spürbar geworden.

Die pädagogischen Bemühungen und Erkenntnisse der Aufklärung seiner Zeit verband nämlich Pfarrer Flattich mit seiner pietistischen Einstellung zu einer organischen Einheit, ohne dabei seinen schlichten und strikt biblisch fundierten Glauben preisgegeben oder abgeschwächt zu haben. Allerdings blieb Flattich als Pfarrer und Pädagoge freilich ein Kind seiner Zeit, indem er auch an den Schwächen derselben teilhatte. Diese lagen in erster Linie in dem Bestreben, das Nützliche und Vorteilhafte beim menschlichen Handeln allzu sehr in den Vordergrund zu rücken. Der Zweckmäßigkeit blieben auch die Auslegungen und Anwendungen Flattichs unterworfen, was diese bisweilen vom Wortlaut und Sinn des zugrunde gelegten Wortes Gottes entfernt haben.

Dass Flattich den Schwerpunkt seiner Tätigkeit deutlich auf das Gebiet der Erziehung und Pädagogik legte, drängte seine Arbeit auf dem Felde der Theologie keineswegs in den Hintergrund. Zwar verfasste er keine tiefgründigen theologischen Abhandlungen wie sein Lehrer J.A. Bengel, sein Schwiegersohn Ph. M. Hahn oder sein jüngerer Zeitgenosse M. Hahn, der ihn um mehr als zwei Jahrzehnte überleben sollte. Indessen war Flattichs Wirken in Pfarramt und »Informationsdienst« nicht ohne diese Grundlage und Grundvoraussetzung denkbar gewesen.

Eine indirekte, zusätzlich verwandtschaftlich bedingte Frucht des Geistes Flattichs erwuchs 22 Jahre nach seinem Tod in der Gründung der Brüdergemeinde im nahe bei Münchingen gelegenen Korntal mit ihren bedeutenden, weitbekannten, vielseitigen und damals im Württemberger Land zugleich einzigartigen Bildungseinrichtungen, denen später weitere folgen sollten.

Im Herzogtum und späteren Königtum Württemberg (ab 1806) wirkten neben Johann Friedrich Flattich als bedeutende Pädagogen der Waisenhauspfarrer Israel Hartmann (1725 – 1806) in Ludwigsburg, die Schulmeistersfamilie Kullen in Hülben bei Urach und die Familie Schaudt in Onstmettingen auf der Zollernalb. Als Flattichs direkte Nachfolger als Erzieher in seinem Geist können seine ehemaligen Schüler gelten: Jakob Friedrich Dettinger (1733 – 1778) und Jakob Friedrich Klemm (1733 – 1793), »der erleuchtete Geist«, der als Dekan in Nürtingen die erste Realschule des Landes Württemberg ins Leben rief. Somit war es der Letztgenannte, der den Flattich'schen Sachkundeunterricht in sein pädagogisches Lernprogramm übernahm.

*Jakob Friedrich Dettinger* war als junger Mensch kurz nach seiner Konfirmation von seinem Vater zur weiteren Erziehung

Pfarrer Flattich anvertraut worden mit der Bitte, ihn mangels überragender Begabung zu einem Gewerbetreibenden auszubilden. Flattich war mit dieser Berufsplanung jedoch gar nicht einverstanden und entgegnete: »Taugt er zu einem Gewerbsmann, so taugt er auch zum Studieren; denn wenn jener sein Gewerbe recht betreiben soll, so braucht er ebenso viel Menschenverstand wie dieser.« Nach vierjährigem Aufenthalt bei Flattich studierte Dettinger in Tübingen Theologie und wirkte danach in großem Segen als Vikar in Plieningen, als Hofmeister in Calw, sodann im Pfarrdienst in Waiblingen und auf dem Hohentwiel, ehe er zum Waisenhauspfarrer in Stuttgart berufen wurde, wo er elf Jahre äußerst fruchtbar tätig sein konnte. Nach seinem Tod im Jahre 1778 schrieb Flattich an Vater Dettinger, es sei ihm ein Trost, in jüngeren Jahren seines Sohnes Lehrmeister gewesen und Freund geworden zu sein. Dabei bezog Flattich den Spruch: »Die Liebe hört niemals auf« (1. Korinther 13, 8) sowohl auf den Vater wie auf sich selbst (Württembergische Väter, 2. Band, S. 34 f.).

Als Nachfolger im Geiste Flattichs hat sein ehemaliger Vikar *Wilhelm Ludwig Hosch* (1750–1811) zu gelten. Er wurde in Hornberg im Schwarzwald geboren und wirkte nach seinem Tübinger Theologiestudium zunächst in seiner Heimat. In Flattich hatte er einen väterlichen Freund, Berater und Briefpartner gefunden, der ihm seelsorgerlich-beratend manche Hilfestellung gab. So empfahl er ihm z. B., die Erziehungsregeln für den Umgang mit Kindern und Jugendlichen der Bibel zu entnehmen, recht viel Liebe und Geduld zu üben, mit Befehlen zurückzuhalten und auf die Entfaltung des Gemüts zu achten. Auch sei Gottes Segen nicht durch zeitgemäße »Verkünstelungen zu verdunkeln« oder zu vertreiben. Im Pfarramt solle Hosch die Liebe walten lassen, die mehr ausrichte als hundert gute Gründe. Aufrichtige Liebe mache stets gescheiter, vorsichtiger und überlegter, während die Herrschsucht den Verstand verfinstere. Dabei sei es in erster Linie nicht wichtig, vorhandene Missstände zu beseitigen, sondern den Glauben an Jesus Christus zu pflegen. Mit armen Menschen solle er nicht zu streng umgehen und die geltende Bettelordnung mit Milde anwenden. Die Mitglieder des Kirchenkonvents möge er in ihren Aufgaben respektieren, »damit sie sich besinnen lernen und gescheit werden«. Mit anderen solle er nicht über theologische Meinungen streiten, auf seine Gesundheit achten, wobei guter Mut und eine einfache Lebensweise die beste Arznei böten.

Im Geiste seines Lehrers Flattich wirkte Hosch viele Jahre in vielfältiger seelsorgerlicher und sozialer Weise zum Wohl seiner Gemeinden Lonsingen und Gächingen auf der Schwäbischen Alb sowie schließlich in Aidlingen bei Böblingen (und den pietistischen Gemeinschaften am jeweiligen Ort und in der Umgebung). Wie Flattich nahm auch Wilhelm Ludwig Hosch einzelne Kostgänger zur Erziehung in sein Pfarrhaus auf. Daher konnte ihm Flattich schreiben: »Mich freut, dass Sie Ihr Amt mit Freuden versehen und … Frucht schaffen …, dass Ihr Zweck nicht bloß dahin geht, ehrbare und zivilisierte Leute zu bilden; denn wie in einem Garten mehr daran gelegen ist, dass man gute Gewächse pflanzt als dass man einen schönen Zaun macht, also ist es besser, gute Christen als eine schöne äußere Ordnung zu machen« (Württembergische Väter, 2. Band, S. 108.110).

Hosch gelang es auch, Menschen aus dem Wirtshaus zu holen und zu einem neuen Leben der Arbeit zu bewegen, wahres kirchliches Leben zu wecken und zu pflegen sowie seinen Schülern und Zöglingen und deren Eltern und nicht zuletzt den Waisenkindern in seiner Obhut viel Gutes für ihr Leben an Wissen und Glauben zu vermitteln. Er war es, der als Erster in Württemberg Jugendkreise für Konfirmanden und Konfirmierte ins Leben rief.

Insgesamt hatte Flattich im Lauf seines Lebens bis weit über sein 70. Lebensjahr hinaus mehr als 300 Kostgänger betreut, versorgt und unterrichtet sowie für ihren weiteren Lebensweg an Leib, Seele und Geist zugerüstet. Sie bewährten sich später in den verschiedensten Berufen, Ständen, Situationen und Aufgaben: als Lehrer oder Pfarrer, Beamte oder Bauern, Handwerker oder Offiziere … Flattichs vielfältiges Wirken hat nicht selten in ihrem Leben in seinem Sinn und mit Gottes Segen eine herrliche Frucht innerhalb und außerhalb des Landes Württemberg hervorgebracht.

Alles in allem steht Pfarrer Flattich als Erzieher und Freund der Jugend in der Geschichte der Pädagogik einzigartig da. Er lässt sich weder in eine Schablone einzwängen noch einem allgemein gültigen System zuordnen. Eine direkte Abhängigkeit von anderen großen Erziehern lässt sich bei ihm nicht erkennen.

In der *Seelsorge* seines Lebenskreises bewies Flattich ein ganz besonderes Geschick, mit Menschen in ihrem jeweiligem Stand und je nach ihrer persönlichen Situation angemessen und weise umzugehen, wobei ihm niemand zu alt oder zu arm erschien. Schlagfertig und humorvoll handelte und redete er originell, zeigte sich als bibelfest und bezeugte unerschrocken seinen christlichen, aus dem Wort Gottes gespeisten Glauben. Seine offene, ehrliche und aufrichtige Art, verbunden mit dem richtigen Ton und dem gebotenen Takt, ließ den schlichten Landpfarrer einfachen Gemeindegliedern, auswärtigen Besuchern, hochstehenden Persönlichkeiten, ja sogar seinem gestrengen Landesherrn manch hilfreichen Rat erteilen. Flattich war imstande, zurechtzuweisen, wo andere geschwiegen hätten, ohne es bei aller erforderlichen Höflichkeit an Deutlichkeit fehlen zu lassen. Solche, die über die Bibel oder über seine Person spotteten, konnten eine derbe Abfuhr erfahren; doch vertrat Flattich das Evangelium nicht im Sinne einer bloßen Verteidigung, sondern trat für dessen stete Verbreitung im Geiste der Liebe Jesu ein. Oft war Flattichs Rede »eine Mischung aus Salz und Frieden zugleich« (Ledderhose, S. 26).

Gerade Flattichs Eheseelsorge und die Leitung des Kirchenkonvents als örtlichem Sittengericht zeigten deutlich, dass es ihm dabei nie in erster Linie um die Bestrafung eines Schuldigen ging, sondern um dessen Besserung. Daher wollte er die Ursachen eines geschehenen Fehlverhaltens bekämpfen, die oft genug in den äußeren Umständen und schlimmen Verhältnissen seiner Zeit zu suchen waren. In allem wusste sich Flattich nicht an eine starre, kirchlich wie staatlich verordnete Gesetzlichkeit gebunden; zugleich blieb er ebenso frei von bloßer Duldung einer schleichenden Gesetzlosigkeit. Auch auf diesem Gebiet der Ethik zeigt sich aus Flattichs Wirken die Aktualität und Parallelität vieler Fragen sowie die Dringlichkeit ihrer Lösungen für unsere moderne Zeit und Welt.

In den Mittelpunkt seiner *Predigten* stellte Pfarrer Flattich stets das biblische Zeugnis von Jesus Christus. Von dessen Verkündigung und Verhalten leitete er die gültigen Maßstäbe für sich und seine

Gemeinde ab. Indessen ging es ihm nicht um Routine und Rhetorik, sondern um eine bildhafte, textbezogene Anschaulichkeit. Er benutzte zur Auslegung der Texte (wie auch sonst in seinen Schriften) zahlreiche praktische Beispiele, mittels derer er das biblische Zeugnis auf den Alltag des Christenlebens in seinen verschiedensten Formen anwandte. Stets gab dabei die Liebe Christi und – daraus abgeleitet – des Christen den Ton zum Tun an. Hierin liegt das Kernstück der Lehre und des Lebens von Pfarrer Flattich. Erbauung und praktische Lebenshilfe können als die zwei Seiten der einen Sache des Evangeliums vernommen und zusammengenommen werden. Hat sich dies bis in die Gegenwart hinein verändert, oder ist diese doppelte Zielrichtung christlicher Predigt nicht gemäß des biblischen Auftrags für die Kirche unverändert geblieben, gerade in einer oft so liebeleeren und glaubensarmen, ratlosen und notvollen Welt?

Zusammenfassend bietet somit das Lebensbild des Pfarrers Flattich eine anschauliche Fundgrube zahlreicher Schätze zur Beachtung und Bereicherung unseres eigenen Lebens als Christen und das der Kirche Jesu Christi diesseits und jenseits bestehender Konfessionsgrenzen, diesseits und jenseits schwäbischer Stammeszugehörigkeit. In der Bezeichnung Flattichs als eines »schwäbischen Originals« oder »Salomos im Bauernrock« liegt die Gefahr einer Eingrenzung und Verniedlichung. Vielmehr darf seine Bedeutung durchaus global gesehen werden.

Insgesamt tritt uns Johann Friedrich Flattich als eine vielseitig begabte, interessierte, informierte, liebevolle, geisterfüllte und begnadete Persönlichkeit von tiefer Frömmigkeit entgegen. Er stand darüber auch im Briefwechsel mit Pfarrer *Christian Gottlob Pregizer* (1751–1824) in Haiterbach/Schwarzwald, der die nach ihm benannte Gemeinschaft ins Leben rief. Diese pietistische Prägung Flattichs wirkte sich so aus, dass die Hingabe an Jesus in der Liebe zu den Mitmenschen seiner Zeit glaubwürdig spürbar geworden ist. Hierin darf die Liebe Gottes gesehen und bezeugt werden, wie sie in gleicher Stärke, wenn auch den heutigen Verhältnissen angepasst, jedem Menschen gilt und nahe gebracht werden soll. Im Unterschied zu allem anderen auf Erden ist sie neben, ja über dem Glauben und Hoffen nicht vergänglich und vergeblich »in dem Herrn«. Demgegenüber bleibt all unsere Erkenntnis Stückwerk. Zugleich jedoch besteht und bleibt Gottes Zusage über aller Vergänglichkeit der Zeiten: »Die da lehren, werden leuchten wie des Himmels Glanz, und die viele zur Gerechtigkeit weisen, wie die Sterne immer und ewiglich« (Daniel 12, 3). Uns aber ist die verbindliche Mahnung und der verpflichtende Maßstab aus dem Hebräerbrief (13, 7) aufgetragen: »Gedenkt an eure Lehrer, die euch das Wort Gottes gesagt haben; ihr Ende schaut an und folgt ihrem Glauben nach.« Gott gebe, dass auch die vorliegende Biografie Flattichs ihren bescheidenen Beitrag dazu leisten kann.

# ZEITTAFEL

| | |
|---|---|
| 3. Okt. 1713 | Johann Friedrich Flattich in Beihingen bei Ludwigsburg geboren<br>Besuch der Lateinschule in Ludwigsburg |
| 1728 | Tod des Vaters |
| 1729–31 | Seminarist im niederen Evang.-theol. Seminar im Kloster Denkendorf |
| 1731–33 | Seminarist im Kloster Maulbronn |
| 1733–37 | Studium der Theologie in Tübingen |
| 1735 | Magister |
| Dez. 1737 | Theologisches Examen in Stuttgart |
| 1738–42 | Vikar bei seinem Onkel in Hoheneck, Drechslerlehrling in Ludwigsburg |
| 1742–46 | Garnisonsprediger auf dem Hohenasperg |
| 12. Mai 1742 | Heirat mit Christina Margaretha Groß aus Murr bei Marbach/Neckar |
| 1747–60 | Pfarrer in Metterzimmern (heute Stadtteil von Bietigheim-Bissingen) |
| 1756 | Tod der Mutter |
| 1760–97 | Pfarrer in Münchingen |
| Dez. 1771 | Tod seiner Frau |
| 1. Juni 1797 | Flattich in Münchingen gestorben |

# LITERATURVERZEICHNIS


*Quellen*

DUNCKER, Christoph (Hg.): Originales und Originelles aus Flattichs Brieftruhe, Metzingen 1992

FLATTICH, Johann Friedrich: Über Erziehung und Seelsorge (»Zeugnisse der Schwabenväter«, Band XI), 2. Auflage, Metzingen 1977

LEDDERHOSE, Karl Friedrich: Leben und Schriften des M. Johann Friedrich Flattich, 3. Auflage, Heidelberg 1856

LEDDERHOSE, Karl Friedrich (neu bearb. von ROOS, Friedrich): Leben und Schriften des M. Johann Friedrich Flattich, Stuttgart 1926

*Biografisches*

HAGEN, Walter: Johann Friedrich Flattich, Pfarrer und Erzieher, in: Lebensbilder aus Schwaben und Franken, Band X, Stuttgart 1966, S. 61-77

HAUSS, Friedrich: Väter des Glaubens. Lebensbilder von Johann Albrecht Bengel, Ludwig Hofacker, Aloys Henhöfer, Elias Schrenk und anderen, Neuhausen-Stuttgart 1992 (über Flattich: S. 29-45)

JÖRN, Wilhelm: Johann Friedrich Flattich. Ein alter Meister der Erziehungskunst. Züge aus seinem Leben und Auszüge aus seinen Schriften, Stuttgart 1920

LEDDERHOSE (s. o.)

LEDDERHOSE/ROOS (s. o.)

SCHWARZ, Georg: Zwischen Kanzel und Acker. Aus dem Leben des schwäbischen Landpfarrers Johann Friedrich Flattich (Gütersloher Taschenbücher Siebenstern 324), 4. Auflage, Gütersloh 1990

WEITBRECHT, Gottlieb: Johann Friedrich Flattich. Ein Lebensbild aus dem 18. Jahrhundert, Stuttgart 1873

*Sonstige Literatur über Flattich*

BACH, Artur: Flattich – ein seltsamer Kauz, der an seinem Teil die Welt verbesserte, Gladbeck 1953

BAUN, Friedrich: Schwäbische Charakterbilder, Stuttgart o. J.

EHMER, Hermann: Pfarrer Flattich und seine Münchinger Gemeinde, in: Zur Geschichte von Korntal und Münchingen, Band 2, 1995

FRIEDRICH, Willy: Die Pädagogik Johann Friedrich Flattichs im Lichte ihrer Zeit und der modernen Anschauung, Langensalza 1908

ROMMEL, Kurt (Hg.): Unvergessen – Gedenktage 1997, Stuttgart 1996

SCHUSTER, Otto: Johann Friedrich Flattich. Der Freund der Jugend (Reihe »Gotteszeugen«, Heft 1), 2. Auflage, Stuttgart 1949

*Zum württ. Pietismus und zur württ. Kirchengeschichte allgemein*

CLAUS, Wilhelm/BUCK, Friedrich: Württembergische Väter. Bilder aus dem christlichen Leben Württembergs, 4 Bände, Stuttgart 1905

GOTTSCHICK, Konrad/SCHÄFER, Gerhard (Hg.): »Auf dem Weg zur Fülle der Zeit« im 17. und 18. Jahrhundert. Lesebuch zur

Geschichte der Evang. Landeskirche in Württemberg, Stuttgart 1991

HEIMATBUCH MÜNCHINGEN, hg. von der Gemeinde Münchingen, 1973

HERMELINK, Hermann: Geschichte der evangelischen Kirche in Württemberg von der Reformation bis zur Gegenwart, Stuttgart/Tübingen 1949

RÖSSLE, Julius: Von Bengel bis Blumhardt. Gestalten und Bilder aus der Geschichte des schwäbischen Pietismus, Metzingen 1959

ROMMEL, Kurt (Hg.): Unsere Kirche unter Gottes Wort, Stuttgart 1985

SCHÄFER, Gerhard: Zu erbauen und zu erhalten das rechte Heil der Kirche, 5. Auflage, Stuttgart 1991

SEEBASS, Friedrich: Schwabenköpfe. Lebensläufe, Briefe und Bilder aus Württemberg, Stuttgart 1958

*Weitere Literatur*

BARTH, Christian Gottlob: Geschichte von Württemberg, Stuttgart/Wien 1986

BERTSCH, Lothar: Freude am Denken und Wirken. Das Leben und Werk des Pfarrers und Mechanikers Philipp Matthäus Hahn, 2. Auflage, Metzingen 1990

BOLAY, Theodor: Chronik der Stadt Asperg, Bietigheim-Bissingen 1978

BOLAY, Theodor/MÜLLER, Paul (Hg.): Hohenasperg: Geschichte der Feste Hohenasperg mit einem historischen Rundgang, 3. Auflage, Asperg 1988

BRECHT, Martin/DEPPERMANN, Klaus (Hg.): Geschichte des Pietismus, Band II, Göttingen 1995

BRECHT, Martin/PAULUS, Rudolf F.: Philipp Matthäus Hahn. Die Kornwestheimer Tagebücher 1772–1774 (Texte zur Geschichte des Pietismus, Abt. VIII, Bd. 1), Berlin/New York 1979

DECKER-HAUFF, Hans-Martin: Herzog Carl von Württemberg, in: RINKLER/SETZLER (Hg.): Die Geschichte Baden-Württembergs, Stuttgart 1986, S. 159-168

EHMANN, Karl Christian Eberhard: Friedrich Christoph Oetingers Leben und Briefe, Stuttgart 1859

PAULUS, Beate: Was eine Mutter kann (hg. Philipp PAULUS), 8. Auflage, Stuttgart 1929

RÖMER, Christian: Kirchliche Geschichte Württembergs, 2., verm. Auflage, Stuttgart 1865

SCHRAMM, Heinz Eugen (Hg.): Typisch schwäbisch, Frankfurt/Main 1983

STECK, Dietrich: Beate Paulus. Eine mutige Frau (hg. von REICHERT, Horst), Kornwestheim 1992

# BILDNACHWEIS

Stefanie Bunner: Grafiken S. 12, 18

Alfred Gruber, Münchingen: Skizze S. 70

Hauptstaatsarchiv Stuttgart: Abb. S. 52, 67
(alle Rechte vorbehalten)

Illustrirter Atlas des Königreichs Württemberg für Schule und Haus, 2. Auflage, Stuttgart 1891: Abb. S. 13, 14, 26, 34, 43, 74

Landesbildstelle Württemberg, Stuttgart: Abb. S. 39
(alle Rechte vorbehalten)

Landeskirchliches Museum, Ludwigsburg: S. 31, 108, 132, 168
(alle Rechte vorbehalten)

Siegfried Nissler, Leinfelden-Echterdingen: Fotos S. 21, 23, 40, 42

Öffentliche Kunstsammlung Basel, Kunstmuseum: Abb. S.141

(Albert Anker, Die Dorfschule von 1848 [1896], Depositum der Ciba AG, Basel; Foto: Öffentliche Kunstsammlung Basel, Martin Bühler)

Sammlung »Pläne und Ansichten«, Württ. Landesbibliothek, Stuttgart: Abb. S. 20 (Foto: Joachim Siener; alle Rechte vorbehalten)

Richard P. Zeller, Ludwigsburg: Foto S. 28